U0142409

高中化學
應考新視野

王瓊蘭 著

序　言

在生活中，一般人對於化學，大都存著不清楚、厭惡、害怕與恐懼等，多種負面的情緒與偏見，例如：不清楚是否吃到含有塑化劑或三聚氰胺的食品，厭惡穿到不吸汗、不透氣、使皮膚發癢、長疹子的衣服，害怕進口含有瘦肉精的牛肉，恐懼被人下藥、迷姦、欺騙等；或是買到含有農藥的蔬菜與水果，碰到神智不清的吸毒者，還有突然飄來難聞、噁心的臭味，無法避開的垃圾、空氣、廢水等。生活所面對的問題，環境的污染，前述相關的化學，給人的印象，真是糟透啦！為何不能認識化學，看到化學對身體的助益，生活的提升，以及對社會貢獻的多方面呢？

可能是化學的書籍太專門、深奧與艱澀了：在台灣，真正深入化學知識的書籍很少，除了參考書、教科書外，新聞的報導與科普文章，雖然淺顯、易懂，但也很容易讓人看過後，隨即忘掉。而也只有在國、高中階段，才會修習到化學的相關課程，以後幾乎很少會再觸碰到化學的專業知識了。

不容否認的，考試是一種能深化知識的好方法，尤其是升學考試：因此本書結合科普閱讀與學測考試，企圖提升大眾的化學智商，讓化學不再淪為毒蛇猛獸般的，讓人厭惡與逃避。同時也很務實的，讓高中生的讀者們，能具備有應試學測，升上大學的能力。

由於化學挺難的，計算繁瑣、記憶複雜：因此本書內容儘量採用一般常見、新潮或實用的化學題材，設計成平易、趣味、故事性高的閱讀題。擺脫專業、呆板、火星文式的命題敘述，考題型式仿學測，並詳列解答，期能幫助莘莘學子們應考時，抓住題意、笑傲考場、輕鬆作答。

所以本書的目錄，是按照學測自然考科裏，化學命題的範圍，融入理論編寫而成的：一共分為八個單元、二十二項主題。

　　本書可提供學子們，自行閱讀，或作為學校選修課程的輔助參考用書，當然也可提供高中生，寒、暑假進修，增長化學功力的作業等。而若能詳讀本書，學測必能勝出！

新店高中化學老師　王瓊蘭　謹誌

目　錄

第一單元

物質的組成——
原子、分子、離子

應考必備
觀念

主題1　氦原子

一、氦

　　氦是最難液化的氣體，佔宇宙元素含量的第二位。在地球上，可自天然氣與油井中，提取得到；不過在大氣層裏，濃度卻十分的低，只有 5.240 ppm 而已。

　　由於氦在血液中溶解度很低，因此可加入氧裏，作為潛水伕呼吸用的氣體。因為氦傳播聲音的速度，大約是空氣的 3 倍，它能改變人喉嚨聲帶的共振頻率，導致吸入氦氣後，說話變得尖細；相較於，若是吸入六氟化硫的氣體後，由於它傳播聲音的速度，大約是空氣的 0.44 倍，同樣的道理，發出的聲音則會變得較為低沉。此種現象，雖然有夠搞怪與好笑的；不過切忌！千萬別自高壓的鋼氣瓶裏，直接吸取氦氣，因為它的流速很快，會嚴重破壞肺部組織。也別為了特效，拼命地吸入大量氦氣與六氟化硫氣體，以免造成體內的氧被取代後，發生缺氧現象，嚴重時甚至會弄得窒息而死亡。

應考能力
檢測

1. 以往原子半徑、鍵長和可見光的波長，皆是以埃 (Å) 作為表達長度的單位，現在大都改用皮米（pm）；因為 $1Å = 10^{-10}(m)$、$1pm = 10^{-12}(m)$，氦的原子半徑為 0.31 Å，相當於多少皮米？

   (A) 3.1×10^{-3} 　　(B) 3.1×10^{-2} 　　(C) 3.1×10^{-1} 　　(D) 3.1 　　(E) 31

2. 從地底下噴出的天然氣，或開鑿油井時，皆可提取得到氦氣。原因是地底下的輻射礦物，會衰變出哪種射線？

   (A) α 射線　　(B) β 射線　　(C) γ 射線　　(D) 中子射線　　(E) 正子

3. 在大氣層裏氦的濃度只有 5.240 ppm，相當於多少百分比？

   (A) 0.0524 %　　(B) 0.00524 %　　(C) 0.000524 %　　(D) 0.0000524 %
   (E) 0.00000524 %

4. 現今飛艇及氣球都採用氦替代氫，主要原因為何？

   (A) 氦是單原子氣體，氫是分子氣體
   (B) 氦不易燃，氫可燃
   (C) 氦的價值昂貴，氫售價便宜
   (D) 地球上氦比氫稀少
   (E) 等體積的氦比氫重，較為穩定

5. 有關氦 He 與六氟化硫 SF_6 的敘述，下列何者正確？（He = 4、F = 19、S = 32）

   (A) 氦是原子，六氟化硫是分子
   (B) 氦與六氟化硫是同素異形體
   (C) 氦與六氟化硫都是化合物

(D) 氦與六氟化硫皆能用來說明定比定律

(E) 六氟化硫可取代氦，填充入氣艇裏，飄浮到高空中

6. 已知硫和氟可形成SF_4、S_2F_{10}、SF_6等物質，下列有關的敘述，何者錯誤？（$F = 19$、$S = 32$）

(A) 分子量比 M_{SF_4}：$M_{S_2F_{10}}$：$M_{SF_6} = 54：127：73$

(B) 等莫耳數的分子中原子總數比 n_{SF_4}：$n_{S_2F_{10}}$：$n_{SF_6} = 5：12：7$

(C) 當硫的質量固定時，所含氟的質量比 W_{SF_4}：$W_{S_2F_{10}}$：$W_{SF_6} = 4：5：6$，此可說明定比定律

(D) 當氟的質量固定時，則所含硫的質量比 W_{SF_4}：$W_{S_2F_{10}}$：$W_{SF_6} = 15：12：10$，此可說明倍比定律

(E) 等重量的分子中，含氟量由小到大，依序為：$SF_4 < S_2F_{10} < SF_6$

答：1. (E)　2. (A)　3.(C)　4.(B)　5.(A)　6.(C)

二、新能源－氦-3

　　氦有數種同位素，其中以氦-4和氦-3最穩定；氦-4佔大多數，氦-3量極少，只有0.000137%。

　　氦-3可與氘結合，發生核融合反應，生成氦-4與質子，並釋放出巨大的能量。雖然氦-3在地球上極為稀少，但在月球上卻到處皆是。科學家認為，月球上氦-3大量存在於太陽噴灑出來的高能粒子流──太陽風中，而月球幾乎沒有大氣，所以太陽風可以直接抵達月球表面，裡面的氦-3也就大量沉積、混雜到土壤與岩石當中。據估計，在月球裏氦-3的含量超過100萬噸，其所貯存的能量，約為地球上所有化石燃料總能量的10倍，若以金錢來衡量，並按石油燃燒的效率來計算，一噸氦-3的價值約40億美元。

月球上氦-3採集的科幻圖

參考資料http://news.cnet.com/2300-11397_3-6211234-2.html

1. 地球上新能源氦 -3，佔氦總量的 0.000137%，它的濃度相當於百萬分之幾，也就是多少 ppm？

   (A) 0.137　　(B) 1.37　　(C) 13.7　　(D) 137　　(E) 1370 ppm

2. 為了維持和平與安全，科學家反對掠奪性開採月球上的氦 -3，希望以月球作為跳板，到土星和天王星的大氣層中採集氦 -3；從而建立太空加油站，實現人類星際航行的夢想。下列敘述何者錯誤？

   (A) 氦 -3 的元素符號可表示為 $_2^3He$

   (B) $_2^3He$ 的原子核裏有 1 個中子

   (C) 氦 -3 為單原子氣體

   (D) $_2^3He$ 的原子核外有 2 個質子、2 個電子

   (E) 氦 -3 的原子量約為 3

3. 氦 -3 的化學符號可表示為 $_2^3He$，氦 -4 則為 $_2^4He$。下列有關的敘述，哪兩項是錯誤的？

   (A) 原子核內的質子數相同

   (B) 原子核內的中子數相同

   (C) 原子序都是 2，所以稱為同位素

   (D) 化學性質都不活潑

   (E) 物理性質完全相同

4. 氦 -3($_2^3He$) 與氚 -3($_1^3T$) 亦名氫 -3($_1^3H$) 的質量數都是 3，並且氚衰變出貝他($_{-1}^0\beta$) 射線後，也可產生氦 -3。這是地球上產生氦 -3 的一種方式，由此可知，決定元素名稱和在週期表上位置的是下列何者？

   (A)中子數　　(B)質子數　　(C)最外層電子數　　(D)原子量　　(E)核外電子數

5. 氕 ($_1^1$H) 與氘亦名重氫 ($_1^2$D) 或稱氫 -2($_1^2$H)，以及氫離子 (H$^+$) 與質子 ($_1^1$p 或 $_1^1$H$^+$)。下列有關的敘述，哪兩項是錯誤的？

    (A) 氚是氫的一種穩定形態的同素異形體

    (B) 氕與氘的原子核內都只有一個質子與一個中子

    (C) 氫離子、質子與氘離子 (D$^+$) 都沒有電子

    (D) 氫離子與質子都不包含中子

    (E) 氫離子就是質子，都帶一個正電荷

6. 將 1 莫耳的氦 -3 與 9 莫耳的氦 -4，一起填充入 20 公升的鋼罐裏，則鋼罐裏所裝填的物質，按照化學敘述，哪三項是正確的？

    (A) 純物質　　(B) 混合物　　(C) 元素　　(D) 化合物　　(E) 原子

答：1.(B)　2.(D)　3.(B)(E)　4.(B)　5.(A)(B)　6.(A)(C)(E)

應考必備
觀念

主題2　臭氧分子

一、臭氧的發現與應用

　　早在 18 世紀，人們在使用電機時，就發現電機放電後，會產生一種異味。1840 年德國化學家先貝因（Schönbein）教授，首次提出在水電解及火花放電中產生的臭味，如同自然界閃電時所發出的氣味；這種氣味類似希臘文「ozein 難聞」之意，由此將它命名為 ozone 臭氧。

　　從此以後，歐洲的科學家率先研究臭氧的特性與功用，發現它能滅菌，於是開始工業化的生產與應用。而自 1870 年起，瑞典的一家牛肉廠，首創用臭氧將生肉殺菌、貯存並保鮮；而各國更拿臭氧來淨化自來水，一直沿用至今。

1. 自來水的殺菌劑有數種，下列何者不會殘留毒害，又能增加水中的溶氧量。

   (A) 漂白粉　　　(B) 雙氧水　　　(C) 氯液　　　(D) 石灰水　　　(E) 臭氧

2. 同溫同壓下，將 500 毫升的純氧 O_2，通過臭氧 O_3 發生器後，收集到的氣體總量為 350 毫升；若所產生的臭氧為 A 毫升，純氧反應成臭氧的轉換率為 B，計算 A、B 各為多少。

   (A) 200、50%　　　(B) 250、60%　　　(C) 300、70%　　　(D) 300、90%
   (E) 450、90%

3. 列8種粒子：(1)O、(2)O_2、(3)O_3、(4)O^{2-}、(5)O_2^-、(6)·OH、(7)OH^-、(8)H_2O_2，有幾種原子？幾種分子？幾種離子？下列敘述何者正確。

   (A) 只有 1 種原子，3 種分子，3 種離子
   (B) 有 2 種原子，3 種分子，3 種離子
   (C) 只有 3 種原子，2 種分子，3 種離子
   (D) 有 2 種原子，只有 2 種分子，4 種離子
   (E) 有 2 種原子，4 種分子，只有 1 種離子

4. 判斷下列何組為同素異形體。

   (A) O、O_2、O_3　　　(B) O_2、O_3　　　(C) O_2^-、·OH　　　(D) ·OH、OH^-
   (E) ·OH、H_2O_2

答：1. (E)　2. (D)　3.(A)　4.(B)

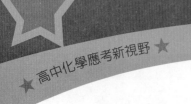

二、臭氧的性質與功過

臭氧是由三個氧原子組成，比空氣重，微溶於水，可使潮濕的碘化鉀澱粉試紙變色。

在對流層裏，臭氧有時是「毒氣」，它會破壞橡膠、農作物或樹木，以及動物的肺部組織。室外臭氧主要的來源為汽機車所排放出的廢氣，它也是光化學煙霧的成分之一；室內臭氧則來自雷射印表機或影印機，利用瞬間高熱讓碳粉附著在紙上時，使得氧氣轉化成臭氧。還有在醫院裏，常用臭氧清洗、消毒衣物，或是在食品廠裏，利用臭氧清理蔬果、碗盤、器皿等，以及在公司行號裏，運用臭氧空氣清淨機，保持室內環境的衛生。

臭氧如果超標，立刻變成無形殺手，人體暴露在含臭氧 85 ～ 104 nmol/mol 的空氣裏，超過 8 小時以上，就會感到頭痛，眼睛灼熱，呼吸道刺激與損害等。

相反的臭氧也很有「益氣」，在距離地表 10 ～ 50 公里的平流層中，臭氧濃度相對較高處，大約是在距離地表 20 ～ 30 公里的範圍裏，稱為臭氧層，不過各地的厚度不盡相同。它的

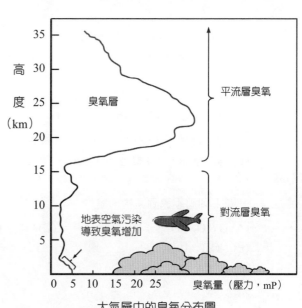

大氣層中的臭氧分布圖

主要作用是吸收短波長的紫外線，減少太陽有害光波到達地球，以防止生物組織遭到破壞。在對流層中，稀薄的臭氧可消毒殺菌，所以打雷閃電，下過雨後，空氣總是特別的清新。

化學新思維

氧有 4 種同素異形體，分別是 O_2、O_3、O_4 與 O_8 等。

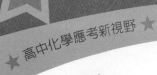

應考能力
檢測

1. 下列何者為臭氧分子的結構式。

   (A) O=O－O   (B) O－O－O   (C) O－O≡O   (D)   (E)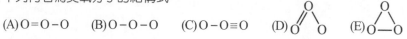

2. 下列分子的結構式與電子點式的呈現法，何者與臭氧完全相同。

   (A) CO_2 (B) SO_2 (C) NO_2 (D) OCl_2 (E) H_2O

3. 氧與臭氧分子皆是由氧原子所組成的，下列有關兩者性質的比較，何者錯誤。

   (A) 臭氧的分子量為氧的 1.5 倍
   (B) 臭氧的氧化力比氧強
   (C) 同溫同壓下同體積的臭氧與氧一樣重
   (D) 臭氧微溶於水而氧難溶於水
   (E) 臭氧與氧都可作為助燃物

4. 臭氧可用下列何種方式收集。

   (A)   (B)   (C)

5. 潮濕的碘化鉀澱粉試紙來檢驗臭氧，所發生的反應變化，下列敘述何者錯誤。

   (A) 碘化鉀為還原劑
   (B) 臭氧為氧化劑
   (C) 試紙會由白色變成藍色
   (D) 臭氧可將澱粉分解而呈現藍色
   (E) 臭氧會與碘化鉀反應會產生氧氣

6. 有關臭氧的敘述，下列何者錯誤﹖

    (A) 平流層裏的臭氧比氧氣重所以會不斷飄回對流層到達地面

    (B) 飛機於平流層飛行所產生的氮氧化物會破壞臭氧層

    (C) 南極與北極的臭氧層都有發生破洞

    (D) 臭氧層裏的氧與臭氧為可逆平衡反應

    (E) 停止使用氟氯碳化物可減少臭氧層的破壞

答：1.(D)　2.(B)　3.(C)　4.(C)　5.(D)　6.(A)

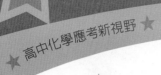

應考必備
觀念

主題3　奈米鈣

一、什麼是奈米鈣

　　鈣離子是人體必需的礦物質，體內鈣離子與含鈣化合物大都分佈在骨骼和牙齒中，少量分佈在體液以及全身各組織、器官裏，參與多種生理活動。若身體缺乏鈣的話，將會造成身體機能下降，以致衍生多種疾病，例如：指甲脆弱、骨質疏鬆、牙齒損壞等。

　　市面上的鈣片，多以碳酸鈣、檸檬酸鈣以及磷酸鈣為主要成分，並標榜著含有奈米鈣。所謂的奈米鈣是指奈米級的鈣化合物，通常是以碳酸鈣作為原料，製作而成。由於一般顆粒的碳酸鈣是不溶於水，不容易被人體吸收的，但是若製成奈米級的微粒時，就比較容易被人體所吸收。

　　含鈣的食品大都還添加了維生素 D，例如：高鈣牛奶、含鈣餅乾、高鈣乳酪等；由於維生素 D 有助於鈣的吸收，它是荷爾蒙的前驅物，與血液中鈣的代謝有關。然而，如果維生素 D 攝取過量時，也會導致中毒，使柔軟組織形成鈣化現象。同樣的，補鈣也不能補過頭，一旦飲食裏的草酸根與鈣離子形成結石，堆積在體內的膽囊或腎臟裏，影響代謝，反而會危害身體的健康。

說明：在 1960 年 IUPAP（物理）與 1961 年 IUPAC（化學）都將原子質量單位，改以「統一原子質量單位 (u)，$1u = 1.661 \cdot 10^{-27}$ kg」。雖然目前台灣許多高中教科書，仍舊採用 amu，不過美國、德國和中國等的教科書，卻都已採用 u 作單位，所以本書用 u 表示，$1u \doteqdot 1amu$。

1. 將碳酸鈣研磨成形狀相同的粒子，取出一顆粒徑為 2 微米（μm）的碳酸鈣，改用奈米（nm）技術處理後，可得與前述同形狀，粒徑為 10 奈米的奈米鈣，大約多少個？（$1\mu m = 10^{-6}$m、$1nm = 10^{-9}$m）

    (A)2×10^2　　(B)5×10^3　　(C)4×10^4　　(D)6×10^5　　(E)8×10^6 個

2. 四種粒子分別為　①1 個鈣離子　②1 個鈣原子　③1 顆微米鈣　④1 顆奈米鈣，假設它們的形狀相似，體積由小到大排列的順序，下列何項正確？

    (A)①＜②＜③＜④　　　(B)①＜②＜④＜③　　　(C)②＜①＜③＜④
    (D)②＜①＜④＜③　　　(E)①＜④＜②＜③

3. 每 1 公升全脂高鈣鮮奶中，常添加 0.25 公克的奈米碳酸鈣（$CaCO_3$）與 1.0 公克的維生素 D_3（$C_{27}H_{44}O$）：設其每公升的質量約為 1 公斤，則下列有關的敘述何者錯誤？（$C = 12$、$H = 1$、$O = 16$、$Ca = 40$）

    (A) 1 個鈣離子的質量為 40 u
    (B) 10 個維生素 D_3 分子的質量為 3840u
    (C) 此牛奶中含鈣量為 2.5×10^{-3}M
    (D) 此牛奶中含維生素 D_3 為 2.6ppm
    (E) 奈米碳酸鈣元素的質量比為 $W_{Ca} : W_C : W_O = 10 : 3 : 12$

4. 含有碳酸鈣 $CaCO_3$ 與草酸鈣 CaC_2O_4 等莫耳數的混合物，下列有關的敘述何者錯誤？

(A) 含鈣質量比為 W_{CaCO_3}：$W_{CaC_2O_4}$ = 2：1

(B) 含碳質量比為 W_{CaCO_3}：$W_{CaC_2O_4}$ = 1：2

(C) 含氧質量比為 W_{CaCO_3}：$W_{CaC_2O_4}$ = 3：4

(D) 混合物中總原子數比 n_{Ca}：n_C：n_O = 2：3：7

(E) 混合物中不同元素的質量比為 W_{Ca}：W_C：W_O = 20：9：28

5. 取過量 0.1M 的鹽酸 HCl，分別加入〔甲燒杯：內裝 0.04 莫耳碳酸鈣 $CaCO_3$〕，與〔乙燒杯：內裝 0.02 莫耳草酸鈣 CaC_2O_4〕，下列有關的敘述何者錯誤？

(A) 甲燒杯的反應式為：$CaCO_3 + 2HCl \rightarrow CaCl_2 + CO_2 + H_2O$

(B) 乙燒杯的反應式為：$CaC_2O_4 + 2HCl \rightarrow CaCl_2 + H_2C_2O_4$

(C) 兩燒杯含鈣的質量比為甲：乙 = 2：1

(D) 完全反應後，消耗掉鹽酸的體積，甲燒杯與乙燒杯都是 0.8 公升

(E) 完全反應後，產生氯化鈣的莫耳數，甲燒杯有 0.04 莫耳，乙燒杯有 0.02 莫耳

答：1.(E)　2.(B)　3.(D)　4.(A)　5.(D)

二、鈣片

以下分別概述 3 種鈣片的主成分與用途：

1. 碳酸鈣俗稱石灰石，遍布於自然界，是一種常見的礦物，例如：石灰岩、大理石、方解石等。它也是蛋殼、貝殼、珊瑚、牡蠣與珍珠等的主成分；可作胃藥、牙膏以及高鈣牛奶的添加劑，市售商品英文名為 OSCAL 的有機鈣片，前半字 OS 代表牡蠣屬（ostrea），後半字 CAL 則代表鈣（calcium），它是用純天然有機蚌殼提煉，萃取出的成分，主要還是碳酸鈣。因此，這種鈣片的原料價格是最便宜的。

2. 檸檬酸鈣有些檸檬般的酸味，也有點鹽的鹹味；補充鈣的效果與碳酸鈣相似，卻比碳酸鈣好。

   (1) 由於檸檬酸鈣不會與胃酸反應，可空腹服用，因此是一種不影響消化器官的鈣片。同樣有趣的是市售商品名為 Citracal 的鈣片，前半字 Citra 代表檸檬酸鹽（citrate），後半字 cal 代表鈣（calcium），不過售價比較昂貴。

   (2) 鈣螯合物是將鈣離子鍵結在有機分子上，所合成的化合物，例如：離胺酸檸檬酸鈣錯合物。它們是模仿天然食品合成的，可空腹服用，並在腸道中保持可溶性，因此，就理論而言，會被身體更好的吸收。

3. 磷酸三鈣是牛奶中鈣的主要形式，羥基磷灰石是人體骨骼組織的主要成分。骨頭 70% 是由羥基磷灰石組成，牙齒的琺瑯質幾乎也有 90% 是由羥基磷灰石所組成。因此磷酸鈣礦物稱為骨礦物質，應用於骨組織的修復。

(1) 將磷酸鈣植入體內後，鈣和磷會游離出材料表面，被身體組織所吸收，並生長出新的組織。有研究證明羥基磷灰石的微晶粒越細緻，生物活性就越高。不過，它不像其他大多數的固體化合物，磷酸鈣的溶解度隨著溫度升高而降低。因此，加熱會使其沉澱。

(2) 在正常 pH 值的牛奶裏，發現可存在更高濃度的磷酸鈣礦物；由於是在膠體溶液中，它是以膠束的形式，鍵結住酪蛋白，鎂，鋅和檸檬酸鹽等 - 此統稱為膠體磷酸鈣（CCP）

(3) 甘油磷酸鈣是一種礦物質補充劑，即膳食礦物質。其中鈣是除了碳、氫、氮和氧之外，生物所必需的化學元素之一，也是構成人體組織，維持正常的生理功能，和生化代謝等，生命活動的主要元素。可自然地存在於食物裏，或是以元素、礦物等形式，被加入飲食中。

1. 表格中五種鈣片的含鈣量，何者錯誤？（$Ca = 40$）

選項	名稱	化學式與分子量	含鈣量百分比
(A)	碳酸鈣	$CaCO_3 = 100$	36.0%
(B)	檸檬酸鈣	$Ca_3(C_6H_5O_7)_2 = 498$	24.1%
(C)	乳酸鈣	$CaC_6H_{10}O_6 = 218$	18.3%
(D)	葡萄糖酸鈣	$CaC_{12}H_{22}O_{14} = 430$	9.3%
(E)	磷酸鈣	$Ca_3(PO_4)_2 = 310$	38.7%

2. 檸檬酸 $C_6H_8O_7$ 與熟石灰 $Ca(OH)_2$ 反應，產出檸檬酸鈣四分子水合物 $Ca_3(C_6H_5O_7)_0 \cdot 4H_2O$ 的沉澱，反應方程式為：$2C_6H_8O_7 + 3Ca(OH)_2 \rightarrow Ca_3(C_6H_5O_7)_2 \cdot 4H_2O + a\ X$ 下列有關的敘述何者正確？

(A) $a = 2$、X 是 CO_2

(B) $a = 2$、X 是 H_2O

(C) 製造出的鈣片 $Ca_3(C_6H_5O_7)_2 \cdot 4H_2O$ 含鈣量百分比為 24.1%

(D) 1 莫耳鈣片 $Ca_3(C_6H_5O_7)_2 \cdot 4H_2O$ 含原子總數為 39 莫耳

(E) $Ca_3(C_6H_5O_7)_2 \cdot 4H_2O$ 的分子量為 498

3. 鈣螯合物可將鈣離子與有機分子：蘋果酸（$C_4H_6O_5$），天門冬胺酸（$C_4H_7NO_4$），或富馬酸（$C_4H_4O_4$）等雙質子酸鍵結，製成類似天然水果中含鈣的螯合物，下列有關的敘述何者錯誤？

(A) 蘋果酸鈣是由兩個蘋果酸分子與一個鈣離子化合而成

(B) 1.33 公克的天門冬胺酸含分子數 0.01 莫耳

(C) 0.1 莫耳的富馬酸分子質量為 11.6 公克

(D) 每一個蘋果酸分子是由 15 個原子鍵結而成

(E) 蘋果酸鈣 $Ca(C_2H_4O(COO)_2)$ 的含鈣量為 23.3%

4. 牙齒琺瑯質的成分為羥基磷灰石（$Ca_5(PO_4)_3(OH)$）下列有關的敘述何者錯誤？（$Ca = 40$、$P = 31$）（$Ca_5(PO_4)_3(OH) = 502$）

(A) 1 莫耳羥基磷灰石的質量為 502 公克

(B) 羥基磷灰石的含鈣百分比為 39.84%

(C) 1 莫耳羥基磷灰石總共含有 22 莫耳原子

(D) 羥基磷灰石所含元素質量百分比最高的是鈣，最低的是氫

(E) 無論來自岩石、骨骼或牙齒，純化後的羥基磷灰石，含磷百分比都是 18.53%

5. 磷酸礦裏包含有磷酸鈣 $Ca_3(PO_4)_2$、磷酸氫鈣 $CaHPO_4$、磷酸二氫鈣 $Ca(H_2PO_4)_2$ 等物質，下列有關的敘述何者錯誤？（$Ca = 40$、$P = 31$）

(A) 1 莫耳磷酸鈣含有 3 莫耳鈣

(B) 1 莫耳磷酸氫鈣含有 1 莫耳鈣

(C) 1 莫耳磷酸二氫鈣含有 1 莫耳鈣

(D) 磷酸化物的質量相等時，含鈣量：磷酸鈣 > 磷酸氫鈣 = 磷酸二氫鈣

(E) 磷酸化物的莫耳數相等時，含磷量：磷酸鈣 = 磷酸二氫鈣 > 磷酸氫鈣

6. 據研究指出在齲齒上塗抹甘油磷酸鈣 $CaC_3H_7O_6P$，能限制齲洞擴張變大，下列敘述何者正確？

(A) 甘油磷酸鈣是磷酸鈣溶解在甘油中，所成的溶液

(B) 甘油與磷酸鈣混合在一起，就是甘油磷酸鈣化合物

(C) 甘油磷酸鈣含五種元素，組成元素的質量比為定值，可用來說明定比定律

(D) 甘油磷酸鈣 $CaC_3H_7O_6P$ 拆開來，可得到甘油 $C_3H_4O_3$、磷酸 H_3PO_4 與鈣 Ca

(E) 甘油、磷酸與鈣可分別塗在牙齒上，預防蛀牙

答：1.(A)　2.(B)　3.(A)　4.(D)　5.(D)　6.(C)

三、補鈣劑

以下分別概述 3 種補鈣劑的主成分與用途：

1. 乳酸鈣的含鈣量低，比較不適合作為口服鈣
   片。不過將乳酸鈣添加到無糖食品中，可以防
   止蛀牙。並且加到含木糖醇（Xylitol）的口香
   糖裏，還能增加牙齒琺瑯質的再礦化作用，因
   此，售價比碳酸鈣昂貴許多。

2. 葡萄糖酸鈣是由葡萄糖酸與石灰或碳酸鈣中和
   得到。但因價格高昂，含鈣量又不高，所以
   同乳酸鈣一樣，不適合作為口服鈣片。它有多種功能，茲舉兩種療
   效：

   (1) 10% 的葡萄糖酸鈣溶液，用於靜脈注射，可治療低鈣血症；不過由
       於它只含 0.93%（每 100 毫升含 0.93 克）的鈣離子。因此，如果病
       患的低鈣血症是急性和嚴重時，就必需改用氯化鈣水溶液治療。

   (2) 葡萄糖酸鈣凝膠是用來治療氫氟酸所造成的灼傷，這是因為葡萄
       糖酸鈣可與氫氟酸反應，形成不溶性，無毒的氟化鈣，而不再腐
       蝕身體。

3. 珊瑚鈣是來自珊瑚礁化石的鈣鹽，主成分為碳酸鈣，以及微量人體
   必需的礦物質。由於珊瑚具有非常類似人骨組織的化學結構；因
   此，有時也被用作骨頭移植的材料；甚至研發作為治療癌症的物
   質，不過尚未證實它有療效。目前海洋污染嚴重，造成有些珊瑚裡
   面隱藏著鉛與汞，再加上珊瑚礁變化成礦石，需歷經數千年的累
   積；一旦開採將破壞深海環境、生態等。由於珊瑚世間稀少，不易
   取得，故價格特別昂貴。

1. 量取 6 毫克的乳酸（$C_3H_6O_3$）與 6 毫克的木糖醇（$C_5H_{12}O_5$），一塊兒溶解成 1000 公克的水溶液。假設此混合液的總體積為 1 公升，下列有關的敘述何者錯誤？

   (A) 混合液各溶質的重量百分濃度含量比 $W_{乳酸}$：$W_{木糖醇}$ = 1：1
   (B) 混合液各溶質的體積莫耳濃度含量比 $M_{乳酸}$：$M_{木糖醇}$ = 5：2
   (C) 混合液中溶質的總濃度為 12ppm
   (D) 混合液中溶質的分子數 $n_{乳酸}$ > $n_{木糖醇}$
   (E) 一個乳酸分子與一個木糖醇分子，組成原子的總數比 $n_{乳酸}$：$n_{木糖醇}$ = 6：11

2. 用 10% 的葡萄糖酸鈣（$CaC_{12}H_{22}O_{14}$）溶液，每 100 毫升含 0.93 克的鈣離子（Ca^{2+}），靜脈注射治療低鈣血症的病患；此注射液內的鈣離子，體積莫耳濃度相當於多少 M？（$CaC_{12}H_{22}O_{14}$ = 430、Ca = 40）

   (A) 2.33×10^{-3}　　(B) 2.50×10^{-3}　　(C) 2.33×10^{-2}　　(D) 2.50×10^{-2}
   (E) 2.33×10^{-1}

3. 葡萄糖酸鈣（$CaC_{12}H_{22}O_{14}$）與氟化氫（HF）反應，生成氟化鈣（CaF_2）；下列有關的敘述何者錯誤？

   (A) 反應方程式為：$CaC_{12}H_{22}O_{14} + 2HF \rightarrow CaF_2 + 2C_6H_{12}O_7$
   (B) 氟化鈣沉澱在水面下，可用傾析法將它與水分離
   (C) 若氟化氫與氟化鈣，所含氟的質量相等時，氫與鈣的質量比為 W_H：W_{Ca} = 1：20
   (D) 氟化氫與氟化鈣可用來說明倍比定律
   (E) 葡萄乾裏的葡萄糖酸鈣所含元素的質量比為 W_{Ca}：W_C：W_H：W_O = 20：72：11：112

4. 目前海洋污染嚴重，已發現珊瑚裡的成分，除了含有碳酸鈣（$CaCO_3$）外，還有碳酸汞（$HgCO_3$）與碳酸鉛（$PbCO_3$），下列敘述何者正確？
（$Ca = 40$、$Hg = 201$、$Pb = 207$）

(A) 珊瑚鈣是化合物

(B) 鈣是主族元素的金屬，汞與鉛是過渡元素的金屬

(C) 等莫耳數碳酸鹽所含金屬離子質量比為 $W_{Ca^{2+}} : W_{Hg^{2+}} : W_{Pb^{2+}} = 40 : 201 : 207$

(D) 因為碳酸鈣、碳酸鉛與碳酸汞都含有碳酸根，所以可用來證明倍比定律

(E) 等質量的碳酸鹽所含金屬離子質量比為 $W_{Ca^{2+}} : W_{Hg^{2+}} : W_{Pb^{2+}} = \dfrac{1}{40} : \dfrac{1}{201} : \dfrac{1}{207}$

答：1.(B)　2.(E)　3.(D)　4.(C)

化學新思維

降鈣素是抑鈣激素，雖名為降鈣，實乃增強或保持骨骼中的鈣含量。

由於血鈣在體內需維持一定的濃度，當其濃度過低時，副甲狀腺素會促使骨骼釋出其所儲存的鈣；當血鈣濃度太高時，甲狀腺素則會開始分泌降鈣素，促使血液中過多的鈣，再儲存回骨骼裏。

筆記欄

第二單元

原子構造與元素週期表──原子模型、週期表

應考必備
觀念

主題4　核能

一、核能概述

　　核能與輻射早就存在於宇宙之間，岩石裏，溫泉中，或身體內。20世紀初風起雲湧的科學界，群星燦爛，百家爭鳴，一系列深入原子核心的研究，拜戰爭的洗禮，得以迅速發展。

　　戰後輻射更被多層面的運用，同時也被妖魔化的放大，令人談核色變：猶如打開潘朵拉的盒子般。即至 2011 年 3 月 11 日，日本遭逢世紀大海嘯，導致福島核電廠的毀壞，輻射外洩震驚國際。是否採用核能發電，再度引起熱議。

1. 在一次火山爆發時，有一棵大樹被融毀了；歷經歲月的蝕蝕，逐漸變成了木化石，而與現今相同的大樹比較，其中碳 -14 經過一級反應衰變後，也就是說：每過一個半生期（C-14 t½ = 5730 年），碳 -14 的含量就會減少一半。檢測此木化石裏 C-14 的含量，僅剩下 6.25% 了，求那次火山爆發距離現今有多少年？

(A) 5730　　　(B) 11460　　　(C) 8595　　　(D) 22920　　　(E) 14325　年

2. 1905 年愛因斯坦提出質能轉換的公式 $E = mc^2$。計算核燃料消耗掉 1.0 公克，可轉換出多少千焦耳的能量？

(A) 1.0×10^{10}　　　(B) 9.0×10^{10}　　　(C) 1.0×10^{13}　　　(D) 9.0×10^{13}
(E) 9.0×10^{16}　kJ

3. 日本核災時，為避免原子爐的核心熔毀，特別在引進海水時，加入硼酸來捕捉中子，因此硼酸在核電廠有「液體控制棒」的美稱。硼有兩種同位素，分別是 $^{10}_{5}B$、$^{11}_{5}B$，平均原子量為 10.8，求 $^{10}_{5}B$、$^{11}_{5}B$ 在自然界裏各佔百分比是多少？

(A) $^{10}_{5}B$ 佔 10%、$^{11}_{5}B$ 佔 90%　　　(B) $^{10}_{5}B$ 佔 20%、$^{11}_{5}B$ 佔 80%
(C) $^{10}_{5}B$ 佔 50%、$^{11}_{5}B$ 佔 50%　　　(D) $^{10}_{5}B$ 佔 80%、$^{11}_{5}B$ 佔 20%
(E) $^{10}_{5}B$ 佔 90%、$^{11}_{5}B$ 佔 10%

4. 美國火星探測器「好奇號」於 2012 年 8 月 6 日成功登陸火星，它是採用一個裝填二氧化鈽 -238 的熱源，與一組固體熱電偶，製成核電池；將鈽 -238 產生的熱能，轉化為電力，提供穩定的動能。這套電力，可使用的壽命長達 14 年，比太陽能電池板還高。下列有關的敘述何者錯誤？

(A) 鈽 $^{238}_{94}$Pu 的原子序為 94 屬於錒系金屬

(B) 鈽 -238 氧化成二氧化鈽後，放射性的強度即刻減弱

(C) 無論是鈽 -238、鈽 -242、鈽 -244，原子核都只有 94 個質子

(D) 鈽位於週期表第七周期，因此電子排布到第七層，也就是 Q 層

(E) 鈽 -238 衰變釋出的 α 粒子，可被一張紙阻擋住

答：1.(D)　2.(B)　3.(B)　4.(B)

二、生活中的核能與輻射

今日我們的生活，始終脫離不了核能與輻射，例如：腳踏的土地中，可能含有釷、鈾等放射性元素；住在天然建材的岩石屋裏，空氣、地下水與天然氣中可能含有過量的氡；搭乘飛機翱翔於高空，無法避免遭受到宇宙射線的影響；更有些醫療檢查，還需照射 X 光片…等。上述現象，難免使人或多或少都會接收到，散佈在空間裏的輻射。而在人體與天然食物裏，本來就含有放射性的元素，例如：身體內必定含有鉀 -40 與碳 -14，香蕉裏含有鉀 -40，巴西堅果含有鐳，以及香菸裏含有釙等。

電磁輻射的種類，按波長遞減，依序是：無線電波，微波，紅外線，可見光，紫外光，X 射線和 γ 射線，如圖 4-1 所示。

輻射可分為電離輻射和非電離輻射兩種類，標示分別為圖 4-2、圖 4-3。電離輻射一般是由原子核發出，例如：α、β、γ 射線和中子的穿透力，如圖 4-4 所示，它們可使物質發生電離的現象。電磁輻射除了波長相對較短、頻率較大的 X 射線和 γ 射線外，其餘的輻射線，所具有的電離能力，皆相對較為薄弱，一般屬於非電離輻射。非電離輻射大都是通過電器設備發射出來的，例如：微波爐、手機、無線網路接收器等，通常不易使得物質發生電離變化。

電磁輻射的波長與其相對的概略應用，如圖 4-5 所示。

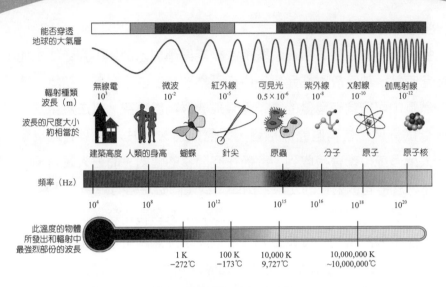

圖4-1　電磁輻射的種類與性質

圖4-2　游離輻射的危險標誌

圖4-3　非游離輻射的危險標誌

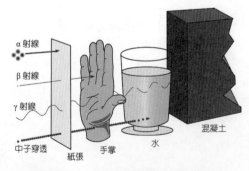

圖4-4　α、β、γ射線與中子的穿透力

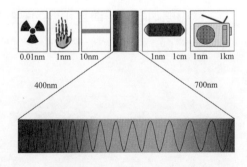

圖4-5　電磁輻射的波長與其相對的概略應用

應考能力
檢測

1. 下列何者是電磁輻射？

(A) α 射線　　　(B) β 射線　　　(C) γ 射線　　　(D) 中子射線　　　(E) 正子射線

2. 有關 β 射線的敘述，何者正確？

(A) β 粒子可被黑色的紙張阻擋住

(B) 一種元素經由 β 衰變後，可轉變成另一種元素

(C) β 粒子的大小與質量，和 α 粒子差不多

(D) β 衰變後，每個原子將得到一個電子，而帶負電荷

(E) 一個原子中，β 粒子的個數等於原子序

3. 香蕉裏面含有豐富的鉀 -40，它會隨時釋放出輻
射：食用一條香蕉，就有 0.1 微西弗的輻射量。
因此科學上有個名詞叫「香蕉等效劑量」，也就
是採用，吃了多少香蕉，來衡量所遭受到的輻射
量。不過這些輻射量，根本不會對健康造成威
脅。很有趣的是，有一次，一大貨櫃的香蕉，停泊在美國的港口，結果
輻射接收儀竟發出危險的警告訊號，害得安全人員誤以為裡面暗藏非法
走私的核能材料，而疲於奔命。下列有關的敘述，何者錯誤？（$_{+1}^{0}\beta$ 代表
正子）

(A) 鉀離子自原子核釋出一個正子，生成氬原子，核反應方程式：$_{19}^{40}Ar^{+} \rightarrow$
$_{+1}^{0}\beta^{+} + _{18}^{40}Ar$

(B) 原子可釋出最外層的一個電子，使原子核增加一個質子

(C) $_{18}^{40}Ar$ 是氣體，它是空氣中含量第三高的氣體

(D) 鉀離子自原子核釋出一個電子，生成鈣離子，核反應方程式：$_{19}^{40}Ar^{+} \rightarrow$
$_{-1}^{0}\beta^{-} + _{20}^{40}Ca^{2+}$

(E) 原子核的質子可捕獲內部 K 層的一個電子，使原子核增加一個中子

4. 世界衛生組織（WHO）以動物實驗證實，氡是當前環境致癌物質之一。當氡被吸入體內，衰變產生 α 粒子，會損傷呼吸系統誘發肺癌。下列有關的敘述，何者錯誤？

(A) 氡無色、無味，是自然界中最重的惰性氣體

(B) 氡的電子排布為 2.8.18.32.18.8 是位於週期表第六周期的元素

(C) 氡的原子序 86，釋出 α 粒子，衰變成原子序 84 的釙

(D) 香菸裏含釙，只要把煙吐出，不要吞入體內，就不會釋出 α 粒子

(E) 週期表第七周期最後一個元素的電子排布預定為 2.8.18.32.32.18.8 原子序 118

5. 由於 α 粒子體積較大，帶兩正電荷，撞上原子核後，很容易被排斥開來。它可電離其他物質，但能量散失快，穿透力弱，人體的皮膚或一張紙，就能阻擋住它的穿透。然而，一旦經由皮膚傷口被吸入，或注射入體內，就變得比氰化物、砒霜等，還要可怕的劇毒。主要的原因是由於 α 粒子，能吸收體內的電子，釋出能量，直接破壞內臟細胞。下列有關的敘述，何者錯誤？

(A) 用 α 粒子撞擊金箔，被原子核排斥、彈開的原因是 α 粒子帶正電荷

(B) 誤食釙中毒而死，釙即終止在體內釋出 α 粒子

(C) α 粒子被紙張或皮膚擋住後，會即刻吸收電子變成氦氣

(D) 1 個原子序 92 的鈾會自然釋出 5 個 α 粒子，最後變成 1 個原子序 82 的鉛

(E) 地球上的氦大都來自地下蘊藏的礦物，例如：鈾和釷衰變出的 α 粒子

答：1.(C)　2.(B)　3.(B)　4.(D)　5.(B)

三、應用核能的儀器

　　茲舉五項應用核能的儀器。

（一）離子感應式煙霧偵測器

　　離子感應式煙霧偵測器內，含有微量的鋂，它可衰變成錼，並放出一種射線，使得空氣中的分子游離，變成離子。正、負離子在探測器的兩電極間不斷飄蕩，傳遞電流，使成電通路。如果發生火災，當煙霧衝進警報器裏，就會吸附住離子，遮蔽電流，干擾電路的流通，因而導致電流下降。所以一旦偵測出導電度低於設定值時，警鈴就會立刻被啟動，於是發出刺耳的鳴叫聲，提醒人們注意安全。

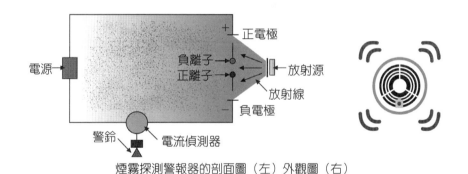

煙霧探測警報器的剖面圖（左）外觀圖（右）

應考能力
檢測

1. 煙霧探測警報器內含有鋂 $^{241}_{95}$Am，它可衰變成錼 $^{237}_{93}$Na，並放出哪種射線，使得空氣中的分子游離。

　　(A) α 射線　　　(B) β 射線　　　(C) X 射線　　　(D) 中子射線　　　(E) 正子

2. 煙霧偵測器能夠辨別火災時的煙霧，或者是乾冰所製造出的煙霧，而不致於錯判，其原因為何。

　　(A) 乾冰昇華出的二氧化碳可阻擋住放射線

　　(B) 乾冰所製造出的煙霧是空氣中的水蒸氣凝結成的小水滴，會再蒸發回空氣中

　　(C) 乾冰所製造出的煙霧微粒，比火災時所產生的煙霧微粒大，因此無法飄進偵測器裏

　　(D) 火災時的煙霧有放射性，而乾冰所製造出的煙霧沒有放射性

　　(E) 火災時的煙霧可導電，而乾冰所製造出的煙霧不可導電，因此無法產生訊號

3. 鋂 $^{241}_{95}$Am 的電子殼層結構為 2.8.18.32.25.8.2，有關它的性質敘述，下列何者錯誤。

　　(A) 鋂的電子排布到第七層，也就是 Q 層，所以位於週期表的第七周期

　　(B) 鋂的電子排布在 K、L、M、N 層為全滿，到 O、P、Q 層則未填滿

　　(C) 鋂 -241 的半生期為 432.2 年，因此一個離子感應式煙霧偵測器，可使用數百年之久

　　(D) 鋂電子殼層結構的最外層有 2 個電子，因此可不斷釋出 2 條 β 射線

　　(E) 鋂原子核共含有 95 個質子，所釋出的 α 射線會轉變成氦氣，進入大氣中

答：1.(A)　2.(B)　3.(D)

（二）蓋革計數器

蓋革計數器是一種用來探測電離輻射粒子的儀器，它是在一個密閉的金屬管內，充入稀薄的氦、氖或氬等惰性氣體。儀器使用時，需打開電源開關，在兩電極間外加電壓，當檢測的物質，發出放射線時，進入管內所釋出的能量，會使裡面的氣體游離而導電，因此產生氣體脈衝放電的電流變化。

這種儀器會將所偵測到的類比訊號，轉換成數據後，馬上就可得知，輻射進入金屬管內的放射線種類與強弱。通常是用來探測 α 粒子和 β 粒子釋出量的多寡。不過，有些型號的蓋革計數器，也能探測出 γ 射線及 X 射線所釋出的強度。

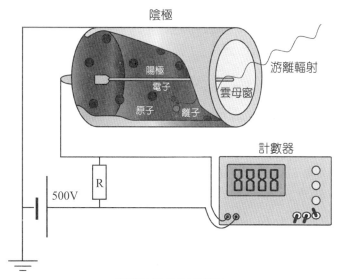

蓋革計數器的原理圖

1. 在一個鑰匙圈型的輻射偵測器裏，如右圖所示，內
   部安裝著小型的蓋革計數器，裏面的金屬管內填充
   稀薄氬氣時，下列敘述何項正確？

   (A) 就只能偵測到 α 射線
   (B) 若有輻射線通入時，氬氣就會被游離成 α 射線
   (C) 自外通入的任何輻射線，都會被金屬管內的氬氣所吸收住
   (D) 沒有輻射線通入時，管內的 α 射線會自行脈衝放電，使計數器歸零
   (E) 若有 β 射線射入時，管內的氬氣會被游離而導電

2. 已知氦的電子殼層結構為 2，氖為 2.8，氬為 2.8.8，下列敘述何者錯
   誤？

   (A) 氦、氖、氬電子殼層的 K 層，都只有 2 個電子
   (B) 氦的原子序是 2，氖是 10，氬是 18
   (C) 氦的價電子數是 2，氖和氬則是 8
   (D) 氦、氖、氬分別位於週期表的第 2、10、18 族
   (E) 氦、氖、氬分別位於週期表的第 1、2、3 週期

答：1.(E) 2.(D)

（三）粒子加速器

　　粒子加速器是利用電場來推動帶電粒子，使它獲得高能量。被加速的粒子必需置於抽真空的管子裏，以避免被空氣分子撞擊，而潰散掉。

　　生活中常見的粒子加速器，例如：採用陰極射線管的舊式電視螢幕，以及 X 光管的設施等。在高能加速器裡的粒子，使用四極磁鐵聚焦成束，粒子才不會因為彼此間產生的排斥力而散開。其基本型式有兩種，分別是環形和直線形加速器。

　　它可應用在醫療衛生方面，包括：放射治療、醫用同位素生產、輻照消毒等；因此可利用粒子加速器，經過正、負離子對撞、同步輻射、重離子加速等方法，製造出人造元素與核能等。所以目前在美國的一些大醫院裏，已特別建造有粒子加速器的設施，方便提供醫療所需的使用。

應考能力
檢測

1. 人工放射性元素的誕生，最早是由約里奧 - 居禮夫婦，即居禮夫人的大女婿與女兒，用放射性釙所產生的 α 射線轟擊鋁，發生連續衰變後，製造出第一個人造元素矽 -30，並因此榮獲 1935 年諾貝爾化學獎。前述過程中的核方程式分別為：$^{4}_{2}He + ^{27}_{13}Al \rightarrow ^{A}_{Z}X + ^{1}_{0}n$ 和 $^{A}_{Z}X \rightarrow ^{30}_{14}Si + ^{0}_{+1}\beta$，求 $^{A}_{Z}X$ 為何？

   (A) $^{28}_{14}Si$ (B) $^{50}_{15}Si$ (C) $^{30}_{15}P$ (D) $^{31}_{16}P$ (E) $^{32}_{16}S$

2. 天然碘 -127 不具有放射性，而人造碘 -131 則會釋出 β 射線，當它進入人體後，常富集於甲狀腺中，因此依據路易斯電子點的結構：碘原子 $\overset{\cdot\cdot}{\underset{\cdot\cdot}{I}}\cdot$、碘分子 $\overset{\cdot\cdot}{\underset{\cdot\cdot}{I}}\overset{\cdot\cdot}{\underset{\cdot\cdot}{I}}$ 和碘離子 $\overset{\cdot\cdot}{\underset{\cdot\cdot}{I}}\overset{\cdot\cdot}{\cdot}$。判斷下列哪種形式的碘，是用來診斷與治療甲狀腺腫瘤的？

   (A) ^{127}I (B) $^{127}I - {^{127}I}$ (C) $^{127}I - {^{131}I}$ (D) ^{131}I (E) $^{131}I^{-}$

3. 伽瑪刀又稱為立體定向 γ 射線放射治療系統，它是將鈷 -60 發出的 γ 射線，幾何聚焦，集中照射在病竈上，一次性、致死性的，摧毀靶點內的組織；而射線經過人體正常組織，幾乎無傷害，並且劑量銳減，人們因此形象化的稱它「γ 刀」。其核反應方程式為：$^{60}_{27}Co \rightarrow ^{60}_{28}Ni + ? + ^{0}_{0}\gamma$，判斷式中的 ? 為何？

   (A) α 射線   (B) β 射線   (C) X 射線   (D) 中子射線   (E) 正子

答：1.(C)　2.(E)　3.(B)

（四）X 光機

1895 年德國科學家倫琴發現 X 光後，由於 X 光擁有能穿透物質的特性，對不同密度的物質，具有不同的穿透能力，因此對於人體的器官組織，以及骨骼在照射後，呈現不同的密度灰階影像，所以廣泛被醫學界用來作為 X 光成像，診斷骨折、檢查牙齒，以及判斷肺部的疾病等。1901 年倫琴因此成就而榮獲第一屆諾貝爾物理學獎。

在 X 光機裏，產生 X 射線的主要設備是 X 光管。X 光管的結構，包含陰極與陽極等組件，全部都安裝在真空的密封罩內。例如：1913 年發展出的 Coolidge 型 X 射線管的構造，如圖所示。

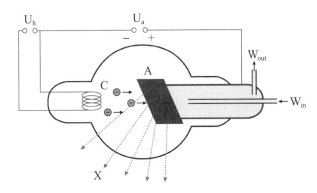

Coolidge型X射線管的構造。C＝鎢絲圈，A＝陽極，Win/Wout＝冷卻水的出／入口

陰極是由鎢絲繞成的線圈，裝置在一個聚焦杯中；當通過足量的電流時，鎢絲將產生白熾熱化的現象，此時電子會從鎢絲表面逸出，形成電子雲。陽極主要作為標靶，通常是由鎢、鉬或銅所製成，它會把從陰極射來的高速電子吸收住，並使它們停下來；於是將少部分的能量，轉換成 X 射線，剩餘大部分的能量，則變成熱能釋出。

　　X 光機不只用在醫療衛生上，還可應用於科學、工業與大眾運輸場所等各種領域。例如：在科學界，實驗室裡設置 X 光繞射儀，用來檢測晶體的結構，辨識出原子的排列。在工業上，它以不損壞機械或原材料等，運作狀態的前提下，對於被檢驗器件的表面，和內部品質進行檢查，以維護安全，防患意外的發生。另外，在火車站、航運站和機場的維安上，進行貨櫃、行李 X 光檢查，取締槍械、彈藥、違禁品等，是生活中不可或缺的重要儀器。

　　值得一提的是為了感念倫琴發現 X 光，對於化學研究的貢獻，因而將原子序 111 號元素命名為錀 Rg。它是位於週期表第 11 族，銅 Cu、銀 Ag、金 Au 下面，第七週期的元素。

1. 下列有關 X 射線與 γ 射線的敘述何者錯誤 ？

   (A) X 射線與 γ 射線主要是根據發射源來區分

   (B) γ 射線是由核衰變所產生的光子

   (C) X 射線是由原子內層電子躍遷所產生的光子

   (D) X 射線與 γ 射線皆可由粒子加速器產生

   (E) X 射線與 γ 射線都能殺死食品中的昆蟲、卵及幼蟲，使食物更安全

2. 在醫療診斷中，消化系統有問題的病患，要先吃一種鋇餐：這種鋇餐是將硫酸鋇混合在硫酸鈉溶液裏的糊狀物，等硫酸鋇到達消化系統之後，才能進行 X 光的透視。它能在螢幕或照片上，清晰地顯現出病患的消化系統來。下列有關的敘述何項正確 ？

   (A) 硫酸鋇到達胃中遇到鹽酸，會溶解出有毒的鋇離子，但可吸引住 X 光

   (B) 硫酸鋇進入腸道裏，因為碰到鹼性的溶液，所以會溶解出有毒的鋇離子，放射出 X 光

   (C) 硫酸鈉會被消化系統吸收，導致射進的 X 光被吸收，顯現出消化系統的影像來

   (D) X 光照射到硫酸鋇時，因為 X 光被吸收，所以會顯現出消化系統的影像來

   (E) X 光照射到人體的骨骼、牙齒與肺臟等，因為含有硫酸根的成分，所以會顯現出影像來

3. 民國 74 年台北市民生別墅，啓元牙醫診所準備開業時，正在安裝 X 光機，尚未啓動電流，卻發生新開封的 X 光片竟然自動曝光，全都毀壞掉啦！經過仔細偵查與檢測後，才發現輻射竟是從建築物的牆柱裏發射出來的，下列有關的敘述何者正確 ？

(A) 新的 X 光機裏，含有許多高能量的激發電子，所以才會自動釋出 X 光

(B) X 光機還未拆封前，內部充滿輻射線，周圍需加鉛板作為屏蔽

(C) 新購置的 X 光機，所釋放出的輻射線，會隨歲月逐漸衰退而報廢

(D) 從牆柱發射出來的輻射線，可能是來自內部鋼筋，放射出的 γ 射線

(E) X 射線與 γ 射線都能自原子核中，自動輻射出來

4. 錀 Rg 的電子殼層結構為 2.8.18.32.32.18.1，在週期表裡，位於它上方的元素金 Au 的電子殼層結構為 2.8.18.32.18.1，下列有關的敘述何者錯誤？

(A) 錀位於週期表的第七週期，金位於第六週期

(B) 錀的原子序為 111，金的原子序為 79

(C) 錀比金多 32 個質子，所以推斷第七週期應該含有 32 個元素

(D) 錀的電子排布在 K、L、M、N、O 層為全滿，而金只有在 K、L、M、N 層為全滿

(E) 錀與金電子排布的最外兩層與最內四層，電子數目都相同

5. 第 6 族的元素名稱與部分性質，如下表所示。X 光管內的陰、陽極都可用鎢製作的，有關的敘述何者錯誤？

元素名稱	符號	電子殼層結構	熔點 (℃)	密度 (g·cm-3)	礦物硬度
鉻	$^{52}_{24}$Cr	2.8.13.1	1907	7.14	8.5
鉬	$^{98}_{42}$Mo	2.8.18.13.1	2623	10.28	5.5
鎢	$^{184}_{74}$W	2.8.18.32.12.2	3422	19.25	7.5
𨭎	^{266}Sg	2.8.18.32.32.12.2	–	23.20	–

(A) 鎢的熔點最高吸收高能電子後不易熔化，因此蒸氣壓很低

(B) 鉻的熔點與密度最小，但硬度卻最大

(C) 鉻與鉬的電子殼層結構，最外與最內兩層的電子數目相同

(D) 鎢與𨭎的電子殼層結構，最外三層與最內四層的電子數目相同

(E) 𨭎是第七週期的元素，它的電子殼層結構，最內五層都是全滿

答：1.(E)　2.(D)　3.(D)　4.(D)　5.(E)

（五）正子電腦斷層掃描儀

正子電腦斷層掃描簡稱 PET 是一種非侵犯性與功能性的核子醫學影像檢查，它是利用能放射出正子的物質，例如：氟化去氧葡萄糖（^{18}F-FDG）偵測人體內細胞代謝葡萄糖的情形。因為癌細胞消耗能量的速率，比分裂緩慢的正常細胞快得多，所以葡萄糖分子會在癌細胞附近聚集，據此可鑑別腫瘤。而大量的 ^{18}F-FDG 會經由尿液排出，對於人體並不構成危害。

化學新思維

正子就是正電子，為帶正電荷的電子，屬於電子的反物質。它帶有 +1 單位電荷，即 $+1.6 \times 10^{-19}$ 庫倫，自旋為 ½，質量與電子相同，皆為 9.10×10^{-31} kg。

正子與電子碰撞時會產生湮滅現象，同時創生出伽馬射線的光子。

應考能力
檢測

1. 有關 $^{18}_9F$ 與 $^{19}_9F$ 的敘述何者錯誤？

   (A) $^{18}_9F$ 與 $^{19}_9F$ 的電子殼層結構都是 2.7
   (B) $^{18}_9F$ 與 $^{19}_9F$ 的價電子都有 7 個
   (C) $^{18}_9F$ 與 $^{19}_9F$ 的質子都有 9 個
   (D) $^{18}_9F$ 與 $^{19}_9F$ 的質量數都相同
   (E) $^{18}_9F$ 與 $^{19}_9F$ 都可形成 F_2 分子

2. 有關氟化去氧葡萄糖（^{18}F-FDG）的分子式為 $C_6H_{11}{}^{18}FO_5$，下列敘述何者錯誤？

   (A) 葡萄糖分子裏的一個 OH 改換成 F
   (B) 分子量為 181
   (C) ^{18}F-FDG 中的 ^{18}F 衰變釋出正子變成 $^{18}O^-$
   (D) 一般的葡萄糖 $C_6H_{12}O_6$ 和氟化去氧葡萄糖（^{18}F-FDG）皆可溶於水
   (E) ^{18}F-FDG 可用來治療糖尿病患

答：1.(D)　2.(E)

應考必備
觀念

主題5　元素的歌

　　學化學，要記週期表，是公認的事；不學化學，忘記週期表，也是正常的事。

　　每一個元素都有它獨特的風格與魅力，可以用圖形幫助記憶，也可以用歌唱來加深印象；元素排列在週期表裡，錯落有序，非常適合音律。

　　1959 年美國的幽默作家湯姆‧萊勒，將當時已發現的 102 種化學元素，編製成歌曲，設置音樂的節奏與旋律，成為週期表的記憶工具。2002 年搞笑諾貝爾化學獎得主，美國大眾科學專欄作家西奧多‧格雷，於 2009 年寫出一本《元素：在宇宙中每一個已知原子視覺的探索》的書，將 118 個化學元素的基本性質，以及在生活中的應用實例，簡單通俗的描述出來，並拍成圖片；為初識化學的人，奠定扎實的基礎。在頁面上的光碟片裏，結合科學與藝術，配合著動畫與旋律，唱出週期表上的化學元素，非常的酷！並且在網路與 iPad 上都能購買並下載，電子書名就叫做「The Elements」，比紙本更為有趣的是圖片可以旋轉，呈現 3D 影像。2010 年 8 月，台灣大是文化出版書名為《看得到的化學》中譯本，其他國家也有譯本；總體來說，那是一本出色，發人深省的書。

　　元素與週期表的面貌，可以是多樣的，但基本的性質，卻是不變的。若以元素們的住家，來比擬週期表，則東邊住著一群沉默寡言的惰氣氣體，西邊住著一群性情火爆的鹼性金屬，中間可是有錢人家，金、銀、銅、鐵堆滿屋；還有對面巷弄裏住著：居禮夫人、愛因斯坦、門得列夫、

諾貝爾…等知名人物，再不斷加蓋的新屋裏，則是住著：波耳、倫琴、哥白尼…等科學家。

在社會大眾看來，化學所造成的污染、爆炸、與毒物等禍害，遠比化學的學習還重要。不過元素的性質，就像人性般，可以壞得像惡魔般的可怕，例如：用鈾或鈽作成原子彈，瞬間爆炸後，毀滅整個城市，殺死數十萬人；也能善良如天使般的可愛，例如：臭氧待在平流層，擋住具有殺傷力的紫外線，保護人們。

然而，就算不學化學，認識元素與週期表，也能增加生活的常識。或許每個人都有自己獨特一套的記憶法，卻也能隨性 rock 週期表，就試著唱唱看吧！

應考能力
檢測

1. 1866 年英國化學家紐蘭茲發現每隔 7 種元素,便會出現性質相似的元素,如同音樂中的音階一樣,此稱為元素的八音律,其中 He、Li、Be、B、C、N、O、F、Ne 等元素的敘述,何者正確 ?

(A) 除了 He 剩下的 8 種元素,化學性質相似屬同一族

(B) 除了最後的 Ne,前面的 8 種元素屬同一週期

(C) He 與間隔 7 種元素後的 Ne,化學性質相似

(D) 元素的八音律表示 He 到 F 屬同一族

(E) 元素的八音律表示 He 與 Ne 物理性質相似

2. 右圖是一種微粒的結構示意圖,下列有關該微粒的說法何者錯誤 ?

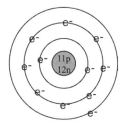

(A) 該微粒的原子核內有 11 個質子

(B) 該微粒在化學反應中易失去 1 個電子

(C) 該微粒的原子核外有 3 層電子

(D) 該圖示代表此微粒是一種陽離子

(E) 該微粒是金屬原子

3. 有關元素性質與電子排布的敘述,下列何項錯誤?

(A) 原子序 9 與原子序 35 的元素有類似的化學性質

(B) 鉀原子的電子排布為 2.8.8.1

(C) 惰性氣體均有 8 個價電子數

(D) 第三列元素原子核外的電子排布至少有三層

(E) 當原子的最外層是填滿電子時,其化學性質特別穩定

4. 氧在自然界的有三種穩定原子，分別是 $^{16}_{8}O$、$^{17}_{8}O$、$^{18}_{8}O$，有關氧的敘述何項正確？

(A) $^{16}_{8}O$、$^{17}_{8}O$、$^{18}_{8}O$ 三種原子的電子殼層結構都是 2.6

(B) 由 $^{16}_{8}O$ 原子所組成的 O_2 與 O_3，混在一起是純物質

(C) 由 $^{16}_{8}O$、$^{17}_{8}O$、$^{18}_{8}O$ 三種原子，任意組成的 O_2，混在一起是混合物

(D) $^{16}_{8}O$、$^{17}_{8}O$、$^{18}_{8}O$ 三種原子 M 層電子數，分別是 6、7、8

(E) $^{16}_{8}O$、$^{17}_{8}O$、$^{18}_{8}O$ 是同素異形體，O_2、O_3 是同位素

5. 鈦的元素符號為 $^{48}_{22}Ti$，具穩定化學性質，耐高溫、低溫，抗強酸性、鹼性，以及高強度、低密度等，被譽為「太空金屬」。並且對於體液為惰性，無毒，能與肌肉和骨骼生長在一起，因而也有「生物金屬」的稱號，可作為骨科移植物，以及植牙體的支撐物。下列有關鈦的敘述何項正確？.

(A) 一個 Ti 原子含有 22 個中子

(B) 一個 Ti 原子均有 48 個電子

(C) Ti 是第四週期的元素

(D) Ti 以及 Ti 合金是同素異形體

(E) 一個 Ti 原子含有 26 個質子

6. 銅 $^{63}_{29}Cu$、銀 $^{168}_{47}Ag$、金 $^{197}_{79}Au$、錀 $^{272}_{111}Rg$ 同為 11 族元素，Rg 的命名是為了紀念發現 X 光的德國物理學家倫琴，下列敘述何項錯誤？

(A) 銀與銅的原子序差 18 可推斷第四週期有 18 個元素

(B) 金與銀的原子序差 18 可推斷第五週期有 18 個元素

(C) 錀與金的原子序差 32 可推斷第六週期有 32 個元素

(D) 銅、銀、金、錀在自然界大都以元素存在

(E) 銅、銀、金、錀都是重金屬元素

7. 依據表格中五種元素的敘述，何者不屬於第 7 週期、3 族的錒系元素？

選項	元素	紀念人名	原子序	電子殼層結構
(A)	鋦 Cm	居禮夫人	96	2.8.18.32.25.9.2
(B)	鑀 Es	愛因斯坦	99	2.8.18.32.29.8.2

(C)	鍆 Md	門得列夫	101	2.8.18.32.31.8.2
(D)	鍩 No	諾貝爾	102	2.8.18.32.32.8.2
(E)	鎶 Cn	哥白尼	112	2.8.18.32.32.18.2

8. 鈾 U 電子殼層結構 2.8.18.32.21.9.2、鈽 Pu 電子殼層結構 2.8.18.32.24.8.2，下列敘述何者錯誤？

(A) 鈾的原子序 92、鈽的原子序 94

(B) 鈾與鈽都可用來製造原子彈

(C) 鈾與鈽易失去 2 個電子

(D) 鈾與鈽原子的 Q 層電子數不同

(E) 鈾與鈽皆位於第七週期

9. 由俄美兩國科學家，發現的第 114 號與 116 號元素，已由 IUPAC 於 2011 年 12 月 1 日正式公佈：114 號元素命名為 Flerovium (Fl) 電子排布為 2.8.18.32.32.18.4 與 116 號元素命名為 Livermorium (Lv) 電子排布為 2.8.18.32.32.18.6。有關此兩元素性質的敘述，下列何者錯誤？

(A) Fl 的價電子有 4 個，Lv 的價電子有 6 個

(B) Fl 與 Lv 皆位於第 7 週期屬 A 族主族的元素

(C) Fl 位於週期表鉛 Pb 的下方，半生期 $t \frac{1}{2} = 21$ 秒算是比較長

(D) Lv 的半生期 $t \frac{1}{2} = 0.029$ 秒非常短，故以名牌包 LV 同義命名

(E) Lv 釋出 α 射線後轉變成 Fl

10. 117 號元素於 2010 年首次合成，2012 年再次成功合成，並將正式歸入週期表，下列有關的敘述何者錯誤？

(A) 排在週期表第七週期的元素

(B) 位於週期表第 7 的族元素

(C) 價電子數可能是 7 個

(D) 原子的電子殼層結構 2, 8, 18, 32, 32, 18, 7

(E) 核內質子數 117

答：1.(C)　2.(D)　3.(C)　4.(A)　5.(C)　6.(D)　7.(E)　8.(D)　9.(D)　10.(B)

化學新思維

若週期表向前延伸，可將穩定的四中子，視為第零號的化學元素。

第七週期惟一缺席的第 117 號元素，則早在 2010 年由俄羅斯杜布納核聯合研究所宣布已順利合成。但卻遭到 IUPAC 的質疑，並要求重作實驗，以證實元素生成的真實性與可靠性。

2012 年 6 月下旬，該研究所通過反覆實驗，終於再成功驗證出第 117 號元素，目前正申請將它納入化學元素週期表裡。

據悉，德國 GSI 亥姆霍茲重離子研究中心，也已積極朝向週期表的後面擴張，企圖合成出新第八週期上，最初的第 119 號和第 120 號兩種元素。

第三單元

化學反應——
放熱反應與吸熱反應

應考必備
觀念

主題6　鎂光燈與氙氣燈

　　政治人物、影視歌星、運動健將…等，於演講廳、攝影棚、競技場上，想要施展長才，嶄露頭角，大都期盼能得到群眾青睞，爭取籠罩在鎂光燈下的機會，成為焦點人物。

　　什麼是鎂光燈呢？1887年德國人於攝影時，使用鎂粉與氯酸鉀的混合粉末作為材料，點燃後產生白色的強光，照亮黑暗場景，使拍攝的物體感光。由於鎂於地球上含量豐富，將鎂絲與氧填充於燈泡裏，用火點燃，發出強烈的閃光，使燈泡變熱；好比在實驗室裏，將鎂帶放入集有純氧的廣口瓶中燃燒，會放出耀眼的白色強光般，因此稱作鎂光燈。由於歷經漫長的時光，攝影與照相所用的閃光燈，大多採用鎂光燈，所以鎂光燈幾乎成了閃光燈的代名詞。而它所消耗的鎂在使用過後，光線一閃即逝，並且產生高熱量，促使溫度遽升，而需稍微停頓一下，冷卻與更新後，才能再用。

　　後來更進步的是使用電子閃光燈，燈內的原料可重複使用，例如：氙氣燈，它是一種高強度氣體放電的閃光燈，釋出的光色，接近太陽光的顏色，能使拍攝的物體，自然的感光，拍照時不會覺得被打上特別的亮光。當照相機按下快門後，隱藏在裏面的一個開關，立即啟動閃光燈；在此同時，儲存在閃光燈電容器裏的高電壓，瞬間將充滿氙氣的燈管放電，產生短促而強烈的閃光；由於光線可再度瞬間啟動，因此能連續拍照數千次以上，不過氙氣燈的價格十分昂貴。

　　現今閃光燈大都內建在照相機或攝影機裡面，方便攜帶和使用。另外，還有一些行動電話、智慧型手機、iphone 與 ipad 等，也都兼具有照相與攝影的功能，因此附有精巧、靈敏的閃光燈等內部配件。但是一般光度高的閃光燈，比較耗電，並不適用於上述多功能的電子產品中。所以大部分還是採用光度尚可、不需要高電壓驅動、體積小、耗電量少、成本低的白光 LED 閃光燈，平時也可作為手電筒使用。

應考能力
檢測

1. 鎂在氮氣中進行高溫加熱，鎂會生成氮化鎂，反應方程式為：$a\,Mg + bN_2 \rightarrow c\,Mg_3N_2$ 下列有關的敘述何者錯誤 ？（$N = 14$、$Mg = 24$）

(A) 若 a、b、c 為最簡單整數比時，$a + b + c = 5$

(B) Mg 是原子、N_2 是分子

(C) Mg_3N_2 是實驗式

(D) Mg_3N_2 化合物裏 Mg^{2+} 與 N^{3-} 的電子排布皆是 2.8，和 Ne 原子相同

(E) 即使不加熱，在常溫的空氣中，鎂也易與氮反應，生成白色的氮化鎂

2. 常溫常壓下 0.72 公克的鎂與 0.5 公升的氮，高溫加熱完全反應，下列有關的敘述何者錯誤 ？（$N = 14$、$Mg = 24$）

(A) Mg_3N_2 是由 5 個原子組成的分子化合物

(B) 由於 Mg 完全被消耗掉所以是限量試劑

(C) N_2 只消耗 0.28 公克相當於 0.245 公升故為過量試劑

(D) Mg_3N_2 的式量是 100

(E) 產生 Mg_3N_2 的質量是 1.00 公克

3. 氮化鎂溶於水會產生氫氧化鎂與氨氣，反應方程式為： $aMg_3N_2 + bH_2O \rightarrow cMg(OH)_2 + dNH_3$ 下列有關的敘述何者錯誤 ？（$N = 14$、$Mg = 24$）

(A) $a : b : c : d = 1 : 6 : 3 : 2$

(B) 1 莫耳 Mg_3N_2 溶於水會產生 2 莫耳的 NH_3

(C) $Mg(OH)_2$ 與 NH_3 是示性式

(D) H_2O 與 NH_3 是分子式

(E) Mg_3N_2 與 $Mg(OH)_2$ 是簡式

4. 氫氧化鎂可製成制酸劑中和部分胃酸，反應方程式為： $Mg(OH)_2 + 2HCl$ → $MgCl_2 + 2H_2O$，若服用 0.01 莫耳的氫氧化鎂，完全反應成 0.01 莫耳的氯化鎂時，下列有關的敘述，有哪兩項是錯誤的？（Mg = 24、Cl = 35.5）

(A) 0.58g 的 $Mg(OH)_2$ 可中和掉 0.02mol HCl 的胃酸

(B) $Mg(OH)_2$ 是限量試劑

(C) 胃酸是過量試劑

(D) 只有 $MgCl_2$ 一種生成物

(E) 0.58g 的 $Mg(OH)_2$ 與 0.73gHCl 中和，依質量守恆定律可得 1.31g 的 $MgCl_2$

5. 氯酸鉀與二氧化錳混合加熱到 200℃，可釋放出氧與氯化鉀。這是一種常見的實驗室製氧法。下列有關的敘述何者正確？（K = 39、Mn = 55、Cl = 35.5）

(A) 反應方程式為：$2 KClO_3 + MnO_2 → 4O_2 + Mn + 2KCl$

(B) MnO_2 是催化劑，可分解生成 Mn，增加 O_2 的產出量

(C) $KClO_3$ 不添加 MnO_2，加熱到 200℃，一樣可釋放出 O_2

(D) 1.0 mol 的 $KClO_3$ 可釋放出 2.0 mol 的 O_2

(E) 2.45g 的 $KClO_3$ 可釋放出 0.96g 的 O_2

6. 惰性氣體每公升由高而低的售價為：氙 Xe > 氪 Kr > 氖 Ne > 氦 He > 氬 Ar，主要的原因為何？

(A) 原子量：Xe 最大，Ar 最小

(B) 地球裏的含量：Xe 最少，Ar 最多

(C) 化學活性：Xe 最大，Ar 最小

(D) 原子體積：Xe 最大，Ar 最小

(E) 價電子數：Xe 最多，Ar 最少

7. 長弧氙燈有極高的發光強度，俗稱小太陽，光色自然，好似陽光，用於拍攝電影；由於透霧能力特別強，可用作霧氣瀰漫時的導航燈，廣泛裝置於機場、車站與碼頭。下列有關的敘述何者錯誤？

(A) 氙氣燈發出的色光，與太陽裏的氙氣所發出的色光，極為相似

(B) 氙氣燈發出的光，可透過霧氣，太陽發出的光，也能穿透霧氣

(C) 氙氣燈發出的光是單色光，太陽發出的光則是多色光

(D) 氙氣是純物質，而太陽裏的氣體則是混合物

(E) 氙氣燈發光與太陽發光，都是放熱反應

8. 有關氙氣閃光燈，燈管內填充氙氣；與 LED 閃光燈的心臟是一個半導體晶片，例如：砷化鎵；有關的敘述何者錯誤？

(A) 氙是元素，砷化鎵是化合物

(B) 氙是原子，砷化鎵是分子

(C) 氙 Xe、砷化鎵 GaAs 都是簡式

(D) 氙是氣體，砷化鎵是固體

(E) 通電後氙與砷化鎵，都能將電能轉換成光能

答：1.(E)　2.(A)　3.(C)　4.(D)(E)　5.(C)　6.(B)　7.(C)　8.(B)

主題7　涼感衣與發熱衣

應考必備
觀念

一、涼感衣── coolfeel 冷唷 ！

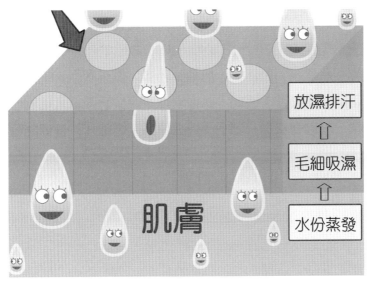

放濕排汗
↑
毛細吸濕
↑
水份蒸發

肌膚

參考網頁：http://e.blog.xuite.net/e/6/7/2/15203120/blog_1960738/txt/33792490/0.jpg

　　炎炎夏日，台灣的氣候潮濕、燜熱；天然棉質的衣物，雖然吸濕，但排汗速率較為緩慢，易產生悶熱感，容易發生中暑現象；因此研發出的涼感衣，針對上述缺失，改善織布的結構，採用細緻的中空人造纖維為布料，彷如多根微細的吸管，將人體排出的濕氣，運用毛細現象，迅速鎖入中空纖維管中，並快速的排出，達到吸溼、排汗的作用。

　　另外，效果更好的布料，則是孔隙內大外小，也就是親近皮膚的內層，採用吸水性較佳的天然纖維，同時把它織成立體柱狀、孔洞多留一點；而外層布料選用排水性較佳的人造纖維，例如：尼龍、聚酯纖維等，並緊密編織在一起，利用漏斗狀導流效果，讓汗水排出，到衣物表層，加速水分蒸散，保持皮膚清爽，具有瞬間涼感的功效。該種布料的觸感細緻、輕柔，品質愈滑順、愈好。

　　或於紗線裡，添加入礦石粉末，例如：花蓮玉、大理石等，磨成極細的粉末，去除有害身體的石綿成分，抽取其中 200~500 奈米的纖維，混合聚酯纖維、尼龍等人造纖維，紡織成布料、做成衣服。由於礦石的比熱小，導熱和散熱都很好，因此，此種涼感衣能快速吸取人體的熱量，讓皮膚產生涼感，但也會快速升溫，而失去涼感，它的效果會依穿著、洗滌次數遞減。

應考能力
檢測

1. 涼感衣將汗水運用毛細作用，吸到衣服表面，然後蒸發變成水蒸氣，逸散到空氣中，此過程為吸熱或放熱反應，它可使皮膚表面的溫度升高或降低？

   (A) 吸熱反應，可使皮膚表面的溫度升高
   (B) 放熱反應，可使皮膚表面的溫度降低
   (C) 吸熱反應，可使皮膚表面的溫度降低
   (D) 放熱反應，可使皮膚表面的溫度升高
   (E) 不吸熱也不放熱，只是排汗而已，因此皮膚表面的溫度不變

2. 效果更好的涼感衣，採用的布料是孔隙內大外小；也就是由大孔吸水，小孔排出水蒸氣。已知在 1 大氣壓、體溫 37℃ 時，1.0 公克的水，體積約為 1.0 毫升，完全蒸發成水蒸氣後，體積約增為 1.0 公升。下列有關的敘述何項正確？

   (A) 汗水蒸發成水蒸氣時，水分子間的距離變大，引力變小
   (B) 汗水逐漸蒸發時，水分子的體積反而縮小，因此可由布料的孔隙鑽出
   (C) 水可釋出熱量，能促使水蒸氣分子脹大而變輕，故能自小孔排出
   (D) 水蒸氣分子的體積，約為水分子的 1000 倍
   (E) 水只要有部分蒸發成水蒸氣，並在同一空間就算是混合物

3. (I) 甲 + 乙→丙是放熱反應、(II) 丁→戊 + 己是吸熱反應；當加熱使溫度上升時，前述 (I)、(II) 的反應速率，會變得如何？

   (A) (I)、(II) 反應速率都增加
   (B) 只有 (I) 反應速率增加，(II) 反應速率變慢
   (C) 只有 (II) 反應速率增加，(I) 反應速率變慢
   (D) (I)、(II) 反應速率都不變
   (E) (I)、(II) 反應速率都變慢

4. 下列哪項不屬於吸熱過程 ？

(A) 貝殼受熱分解成生石灰與二氧化碳

(B) 氫氣與氧氣化合成水蒸氣

(C) 擦拭酒精後，皮膚感覺乾爽與清涼

(D) 穿著涼感衣時，汗水蒸發到空氣中

(E) 硝酸鉀溶解於水，使周圍的溫度降低

5. 涼感衣在紗線裡添加了礦石粉，因此能快速吸取人體的熱量，讓皮膚產生涼感，但也會快速升溫而失去涼感，主要的原因為何 ？

(A) 礦石粉比熱大，原溫度比體表的皮膚低，而達熱平衡時溫度一致

(B) 礦石粉比熱小，原熱量比體表的皮膚多，而達熱平衡時熱含量一樣

(C) 礦石粉比熱大，原溫度比體表皮膚高，而達熱平衡時熱含量一樣

(D) 礦石粉比熱小，原溫度比體表皮膚低，而達熱平衡時溫度一致

(E) 礦石粉比熱小，原熱量比體表皮膚低，而達熱平衡時溫度一致

6. 若材質的導熱係數越小，則隔熱效果越好。涼感衣所用的材質，導熱係數都很小，所以衣料本身吸熱少，熱含量低，並可防止夏日熱浪直襲身體；同理，為避免冰淇淋在運送期間熔化掉，依據下列五種人造材質的熱傳導係數判斷，何者最適合作為盛裝冰淇淋的盒子 ？

選項	(A)	(B)	(C)	(D)	(E)
材質名稱	鐵氟龍	耐綸 6,6	聚碳酸酯	達克綸	保麗龍
熱傳導係數 W/(m·K)	0.25	0.25	0.19–0.22	0.15–0.24	0.03–0.05

7. 製作冰淇淋時加入乾冰，冰淇淋不易融熔掉；因此乾冰特別適合外送冰淇淋的冷藏。主要的原因為何 ？

(A) 乾冰昇華的速度比冰淇淋熔化的速度慢

(B) 乾冰溫度比冰淇淋低，會吸收冰淇淋的能量，使它不易融化

(C) 乾冰的昇華熱大於冰淇淋的熔化熱

(D) 乾冰與冰淇淋會結合成堅硬的固體

(E) 乾冰與冰淇淋都會將周圍的熱量吸收，避免昇華與熔化

答：1.(C) 2.(A) 3.(A) 4.(B) 5.(D) 6.(E) 7.(B)

二、發熱衣—— hold 住熱！

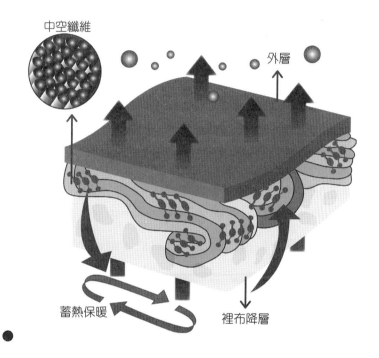

中空纖維

外層

蓄熱保暖

裡布降層

　　發熱衣標榜著材質輕柔、保暖，使人們在嚴寒的冬天裏，不至於因為衣著厚重，而顯得臃腫、難看。它能在接觸人體的汗氣、水蒸氣後，吸收凝結成液體小水珠，並釋放出凝結熱，使周圍的溫度升高，好似衣服發熱般。

　　這種功能性布料的成分與原理有三，分別是：

　　一採用遠紅外線塗料，通常為奈米陶瓷粉末，融熔聚合在特殊纖維上，紡織成布料。由於遠紅外線塗料吸收光波長為 8,000 ～ 14,000nm，與人體的熱輻射波長相近，為不可見光，當皮膚表面的水蒸氣進入纖維後，

凝結釋出的熱能，會被紅外線塗料吸收，再轉換成熱能，猶如衣服產生熱量，但是也容易因為多次的洗滌，而將塗料耗損沖刷掉，減弱它的發熱效果。

二是裁製具有的阻絕空氣作用的聚丙烯酸酯纖維布料，縫製成衣物，利用人體蒸散出的水分，與人的動作，促使水分子一塊兒跟著共振，再將產生的動能，轉換成熱能，進而使衣物發熱。

三是製成聚酯中空纖維，藉由纖維中，微小的管束，達到 30% 的中空率，運用內部的空氣來阻絕體溫的散失，使皮膚表面溫度，不至因外界低溫，或氣候的酷寒，而迅速降溫；以達到保留體溫的功效，並使布料輕盈，手感滑順。

化學新思維

想像一下，奈米纖維發電衣，走動就來電的感覺！？與太陽能發電衣，穿上就來電的用途？！

1. 發熱衣與涼感衣同樣是將纖維製作成微小的管束，下列有關的敘述何項正確？

    (A) 發熱衣是將汗水冷凝吸附在布料的毛細管中，保持體溫與體重恆定

    (B) 發熱衣布料裏的微小管束充滿空氣，能使體溫不易散失到衣外而保溫

    (C) 發熱衣與涼感衣都是利用布料裏的微小管束，熱脹冷縮時吸熱與放熱

    (D) 發熱衣與涼感衣裏的微小管束能偵測氣溫，釋出與吸收熱能，調節體溫

    (E) 發熱衣與涼感衣裏的微小管束，會釋出與吸收紅外線，升降體溫

2. 若材質的導熱係數越小，則保溫效果越好。下列五種天然材質的熱傳導係數為：

材質名稱	羽絨	羊毛	紙張	木片	不銹鋼
熱傳導係 W/(m・K)	0.034	0.03–0.04	0.04–0.09	0.09 – 0.14	14

    何種材質最不適合用來製作成冬天盛裝便當的餐盒？

    (A) 羽絨　　(B) 羊毛　　(C) 紙張　　(D) 木片　　(E) 不銹鋼

3. 遠紅外線塗料，通常為奈米陶瓷粉末，下列何者不是它的特性？

    (A) 其內部晶粒尺寸為 1 到 100 奈米

    (B) 奈米陶瓷因比表面積大，所以化學反應活性高

    (C) 奈米陶瓷質地堅硬、耐磨壓、耐高熱與耐酸鹼等

    (D) 傳統陶瓷與奈米陶瓷的原料不同

    (E) 傳統陶瓷精密加工，研磨後，即成奈米顆粒

4. 遠紅外光波的波長，介於哪兩種光波之間？

    (A) 紫外光與可見光

(B) 微波與無線電波

(C) 可見光與近紅外光

(D) 可見光與微波

(E) X 射線與紫外光

5. 下列哪項不屬於放熱反應 ？

(A) 釀酒反應式為：$C_6H_{12}O_{6(s)} \rightarrow 2C_2H_5OH_{(l)} + 2CO_{2(g)} + 82kJ$

(B) 高溫的奈米陶瓷鍋緩慢地釋熱保溫

(C) 雙氧水分解的反應式為：$2H_2O_{2(l)} \rightarrow 2H_2O_{(l)} + O_{2(g)}$ $\triangle H = -196.4kJ$

(D) 遠紅外線發熱衣將皮膚排出的汗氣凝結成小水滴

(E) 製造水煤氣的反應式為：$C_{(s)} + H_2O_{(g)} + 131.3\ kJ \rightarrow CO_{(g)} + H_{2(g)}$

6. 相同狀況下，五個熱化學方程式如下：

① $C_{(s)} + 2H_{2(g)} \rightarrow CH_{4(g)}$ $\Delta H_1 = Q_1$

② $2C_{(s)} + 4H_{2(g)} \rightarrow 2CH_{4(g)}$ $\Delta H_2 = Q_2$

③ $\frac{1}{2} C_{(s)} + H_{2(g)} \rightarrow \frac{1}{2} CH_{4(g)}$ $\Delta H_3 = Q_3$

④ $\frac{1}{2} CH_{4(g)} \rightarrow \frac{1}{2} C_{(s)} + H_{2(g)}$ $\Delta H_4 = Q_4$

⑤ $CH_{4(g)} \rightarrow C_{(s)} + 2H_{2(g)}$ $\Delta H_5 = Q_5$

已知 ΔH_1 為甲烷 $CH_{4(g)}$ 的莫耳生成熱， Q_1 的數值大於零，則下列敘述哪兩項正確？

(A) $\Delta H_1 = \Delta H_2 = \Delta H_3$ ，$\Delta H_4 = \Delta H_5$，且 $Q_1 = Q_5$

(B) ①、②、③為放熱反應 ，而④、⑤為吸熱反應

(C) $2\Delta H_1 = \Delta H_2 = 4\Delta H_3$，且 $2\Delta H_4 = \Delta H_5$，且 $Q_1 = -Q_5$

(D) ⑤為甲烷 $CH_{4(g)}$ 的莫耳分解熱，Q_5 的數值小於零

(E) 式①可表示為 $C_{(s)} + 2H_{2(g)} + Q_1 \rightarrow CH_{4(g)}$，式⑤則可表示為 $CH_{4(g)} \rightarrow C_{(s)} + 2H_{2(g)} + Q_5$

7. 已知下列反應的熱化學方程式為 ：

(1) $C_{(s)} + O_{2(g)} \rightarrow CO_{2(g)}$ $\Delta H_1 = -393.5\ kJ$

(2) $CH_3COOH_{(l)} + 2O_{2(g)} \rightarrow 2CO_{2(g)} + 2H_2O_{(l)}$ $\Delta H_2 = -870.3\ kJ$

(3) $H_{2(g)} + \dfrac{1}{2} O_{2(g)} \rightarrow H_2O_{(l)}$　$\Delta H_3 = -285.8$ kJ

則 $2C_{(s)} + 2H_{2(g)} + O_{2(g)} \rightarrow CH_3COOH_{(l)}$ 的反應熱為多少？

(A) -976.6 kJ　　(B) -488.3 kJ　　(C) -244.15 kJ　　(D) 244.15 kJ

(E) 488.3 kJ

8. 已知乙炔（C_2H_2）與乙烯（C_2H_4）間的反應：

① $C_2H_{2(g)} + H_{2(g)} \rightarrow C_2H_{4(g)}$ ΔH_1 為放熱反應；② $2CH_{4(g)} \rightarrow C_2H_{4(g)} + 2H_{2(g)}$

ΔH_2 為吸熱反應則下列三個反應：（Q_1、Q_2、Q_3 均為正值）

(I)　　$C_{(s)} + 2H_{2(g)} \rightarrow CH_{4(g)}$　　　　　　$\Delta H = -Q_1$

(II)　　$C_{(s)} + \dfrac{1}{2} H_{2(g)} \rightarrow \dfrac{1}{2} C_2H_{2(g)}$　　　$\Delta H = -Q_2$

(III)　$C_{(s)} + H_{2(g)} \rightarrow \dfrac{1}{2} C_2H_{4(g)}$　　　　$\Delta H = -Q_3$

相關 Q 值大小比較，何者正確？

(A) $Q_1 > Q_3 > Q_2$　　(B) $Q_1 > Q_2 > Q_3$　　(C) $Q_2 > Q_1 > Q_3$　　(D) $Q_3 > Q_1 > Q_2$

(E) $Q_3 > Q_2 > Q_1$

9. 下列哪一項變化與發熱衣相似，是涉及物理變化與熱能的轉換？

(A) 二氧化碳固化成乾冰　　　(B) 含鐵粉的暖暖氧化釋熱

(C) 蠟燭燃燒產生光與熱　　　(D) 燃放爆竹快速釋出熱能

(E) 呼吸作用產生能量

10. 下列有關熱量變化的敘述，何項正確？

(A) 發熱衣裏水蒸氣凝結成水的過程是原子的重新排列組合

(B) 涼感衣為吸熱反應，發熱衣為放熱反應

(C) 化學反應中，無論反應量多寡，能量的變化都是定值

(D) 化學變化中的能量變化時，只能以熱能形式表現出來

(E) 赫斯定律是用來說明反應熱與變化所經路徑的關係

答：1.(B)　2.(E)　3.(D)　4.(D)　5.(E)　6.(C)(D)　7.(B)　8.(A)　9.(A)　10.(B)

筆記欄

第四單元

常見的化學反應——
酸鹼反應、氧化還原反應

主題8 整人的酸鹼

一、尿

在自然界裡，野生動物有灑尿標識領土，宣示主權的特性。在印度片《三個傻瓜》裏面，片頭剛開始，學長在房門口灑尿，給學弟們下馬威；而後在戲中，一傻藉酒裝瘋，大膽地在教授家門口尿尿；直到片尾討厭鬼偷偷跑到大樓牆邊尿尿，而被孩童們狠狠的將他的小鳥電爆，逗得觀眾哈哈大笑。

可見尿也是一種天生的武器，尿裡面包含許多成分，驗尿可知身體的健康狀況，例如：小便帶血、糖尿病等。

生物要活動，身體必須不斷地新陳代謝，因此會產生含氮的廢物，這些廢物大都源自於蛋白質和胺基酸的分解過程，由於具有毒性，必須排出體外。海洋生物通常直接以氨的形式排放入海水中，陸地生物則是將氨轉化成尿素或尿酸後，再排出體外。鳥與爬行動物通常是排出尿酸，以減少水分的流失。而其它動物，例如：哺乳動物和兩棲類動物，大都排出尿素。有趣的是水生蝌蚪，小時候排出氨，長大蛻變成青蛙時，則改以尿素排出。

人則是在肝臟代謝產生尿素，融入血液中，最後再通過腎臟由尿排出；不過少量的尿素也會由汗與鹽水一塊兒釋出。

應考能力
檢測

1. 剛尿出的尿，新鮮並不很臭，但是灑過的尿，在空氣中擺久後，會變得很難聞，下列有關的敘述何者錯誤？

(A) 新鮮的尿含有較多未分解的尿素

(B) 尿在空氣中擺久後 pH 值明顯變大

(C) 尿液是一種混合物其中的尿素無色無味

(D) 尿素可被細菌與酶催化分解產生氨與二氧化碳

(E) 尿難聞是因為分解或氧化出的臭氣分子越增越多

2. 配製 0.1M 的水溶液，分別測量其 pH 值，何者最高？

(A) 氨水　　(B) 氯化鈉　　(C) 尿酸　　(D) 尿素　　(E) 葡萄糖

3. 將一位糖尿病患的尿液與葡萄糖溶液作對照，先配製 18ppm 的葡萄糖水溶液，換算它的體積莫耳濃度、pH 值各為多少？（此稀薄的葡萄糖溶液比重為 1，$C_6H_{12}O_6$ 分子量 = 180）

(A) $10^{-1}M$、 pH = 1　　(B) $10^{-1}M$、 pH = 7　　(C) $10^{-4}M$、 pH = 4

(D) $10^{-4}M$、 pH = 7　　(E) $10^{-7}M$、 pH = 7

4. 表格裏有六種溶液，它們的名稱、pH 值與化學式，判斷哪幾種溶液是可導電的？

溶液	甲	乙	丙	丁	戊	己
名稱	一位糖尿病患的尿液	1M葡萄糖溶液	1M氯化鈉溶液	1M尿素溶液	1M尿酸溶液	1M氨水溶液
pH值	4.3	7.0	7.0	7.0	2.7	11.6

溶質的化學式	多種溶質	$C_6H_{12}O_6$	NaCl	$CO(NH_2)_2$		NH_3
溶解度 20℃	有些渾濁物	1540 gL^{-1}	359gL^{-1}	1079gL^{-1}	6.0×10^{-2}gL^{-1}	與水混溶

(A) 乙、丙、丁　　　(B) 甲、戊、己　　　(C) 甲、丙、戊、己

(D) 甲、戊、己　　　(E) 全部五種溶液

5. 1M 氨水溶液 pH = 11.6，氫離子 [H^+] 濃度大約是多少 M？

(A) 4.0×10^{-3}　　　(B) 2.5×10^{-6}　　　(C) 3.0×10^{-8}　　　(D) 6.0×10^{-11}

(E) 2.5×10^{-12}

6. 一般尿液的 pH 值是在 4.6 到 8.0 之間，有五種尿液編號，分別為 (A) 到 (E)。為保護學生，避免吸毒犯罪，在實驗室裡快速篩選尿液的檢驗報表如下：何種編號的尿液加入酚酞後，會呈現紅色？

編號	(A)	(B)	(C)	(D)	(E)
pH 值	9.4	6.7	7.0	5.3	7.1
特別註記	含少量咖啡因	葡萄糖含量超過標準	含鉀離子濃度偏高	含微量的維他命 B_2 與維他命 C	尿素分子含量過多

答：1.(B)　2.(A)　3.(D)　4.(C)　5.(E)　6.(A)

二、惡作劇的墨水

　　小潔是個漫畫迷，十八歲的生日當天，好友們異常貼心地，合買了一件白色棉 T，並特別先請他所喜愛的漫畫家，在上面手繪了一幅 Q 版漫畫。因此當小潔打開生日禮物時，笑得十分燦爛，並且莫名的感動；於是大夥趁機起鬨，要小潔立刻套上棉 T。但是說時遲那時快，小白竟突然冒失的將紅、藍墨水倒在棉 T 上，害得小潔愣在那兒，氣得直發抖，幾乎要哭了出來。然而，更過分的是，小珠見狀卻將雪碧打開，直往棉 T 上猛噴。弄得小潔滿身狼狽的，真想立刻翻臉走人。

　　不過就在一陣混亂中，有人依舊忙著照相攝影，說也奇怪，棉 T 上的紅、藍墨漬，竟然全部消失啦！原來這是好友們精心安排的一場惡作劇，好讓大夥們永遠的記住。

　　藍色墨水是加了百里酚酞的鹼性溶液，百里酚酞指示劑變色的 pH 值範圍是 9.4 ～ 10.6，pH 值低於 9.4 的顏色是無色，高於 10.6 的顏色是藍色。紅色墨水則是加了酚酞的鹼性溶液，酚酞指示劑變色的 pH 值範圍是 8.2 ～ 10.0，pH 值低於 8.2 的顏色是無色，高於 10.0 的顏色是紅色。由於棉 T 的表面，潑到酸性的雪碧，因此立刻中和掉鹼性，所以顏色才會褪回無色。

1. 小白和小珠將上述藍色與紅色的墨水混合,分別在白色的制服上面,畫了一個大豬頭,向小潔賠不是,逗得大家哈哈大笑。不一會兒,等小潔氣消後,制服上的豬頭,竟然消失不見了。下列有關的敘述何者正確?

   (A) 指示劑製成的墨水很容易揮發到空氣中

   (B) 藍色與紅色混合成的墨水起了化學作用變成無色

   (C) 墨水與空氣中的氧自然化合成無色的物質

   (D) 空氣中的水蒸氣與二氧化碳逐漸溶在墨水中

   (E) 制服是先噴灑過雪碧然後晾乾的

2. 調製上述藍色與紅色的墨水,溶液的 pH 值最少要高於 10.5,則有關溶液中,氫氧離子濃度 [OH⁻] 應該為多少 M 才行?

   (A) 高於 3.2×10^{-4}M   (B) 低於 3.2×10^{-4}M   (C) 高於 3.2×10^{-11}M

   (D) 低於 3.2×10^{-11}M   (E) 等於 3.2×10^{-11}M

答:1.(D)　2.(A)

主題9　漂白劑

　　漂白劑是透過氧化還原反應，達到漂白的功效。它能把一些物品的顏色去除或變淡，因此漂白就好比打白色的粉底，準備上粧般，是染色初期的主要步驟。

　　常用的漂白劑有：次氯酸鈉、次氯酸鈣、過氧化氫、低亞硫酸鈉[1]、二氧化硫、二氧化氯等。

　　次氯酸鈉與次氯酸鈣常被用來漂白衣裳、消除污漬和消毒殺菌，或是作為游泳池水、自來水的消毒劑，是屬於強氧化劑。

　　過氧化氫具有氧化與還原的特性，通常加入染髮劑中，是漂白的一種成分；也可作為牙齒增白劑的成分之一。

　　市面許多的食品，例如：麵粉、菜脯[2]、酒精飲料或乾果等，大都採用低亞硫酸鈉或二氧化硫作為漂白劑，並且避免滋生黴菌，雖然此兩種漂白劑，也都具有氧化與還原的能力，不過反應時，大多顯示出還原的特性。

　　另一種漂白劑是二氧化氯，它是用於漂白木質紙漿、油脂、纖維素、麵粉、紡織品與蜂蠟等。

---

[1] 低亞硫酸鈉化學式$Na_2S_2O_4$漂白力強，常用作食品添加劑，例如：蜜餞、乾果、粉絲、冰糖、竹筍、蘑菇等，溶於水生成硫代硫酸鈉與亞硫酸氫鈉，反應方程式為：
$2\ Na_2S_2O_4 + H_2O \rightarrow Na_2S_2O_3 + 2\ NaHSO_3$
[2] 菜脯就是醃製過的蘿蔔乾

　　含氯漂白劑通常會與洗衣粉一起使用，然而需要注意的是不要用漂白劑來清洗尿漬，因為這樣使用，所混合的溶液，會產生有毒的氯氨[3]，和會爆炸的三氯化氮[4]。還有也別把漂白劑與洗廁所用的鹽酸，隨意混合在一起，或是同時使用，因為這樣會產生有毒的氯氣，十分危險。

　　勿將漂白劑與含氨的清潔劑或藥品倒在一塊兒混用。因為會產生無色、劇毒的聯胺；此種化合物，在常溫常壓下，呈油狀的液體，氣味類似氨，極為難聞與嗆鼻。不過聯胺可溶於水、醇、氨等溶劑，常用於人造衛星及火箭上，作為燃料；鍋爐的抗腐蝕劑、炸藥與抗氧化劑等。

---

[3] 氯氨又稱氯代氨，有一氯化氨（NH_2Cl）、二氯化氨（$NHCl_2$）和三氯化氮（NCl_3），它們可以通過氨與次氯酸化合而成。反應方程式為：

$$NH_3 + HOCl \rightarrow NH_2Cl + H_2O$$
$$NH_3 + 2HOCl \rightarrow NHCl_2 + 2H_2O$$
$$NH_3 + 3HOCl \rightarrow NCl_3 + 3H_2O$$

[4] 三氯化氮又稱為三氯化氨，它是一種極易爆炸，對光、熱和有機化合物都非常敏感的危險物質。

1. 次氯酸鈉與雙氧水的反應方程式為：$NaClO + H_2O_2 \rightarrow H_2O + NaCl + O_2$
   判斷何者為氧化劑？

   (A) 次氯酸鈉　　(B) 雙氧水　　(C) 水　　(D) 氯化鈉　　(E) 氧

2. 將過氧化氫約 50 毫升倒入燒杯中，再倒入 30 毫升的洗碗精，輕輕攪拌
   使它均勻混合。然後將混合溶液倒入量筒中，再迅速加入 10 毫升的碘
   化鉀溶液。很快地自量筒口冒出白色泡沫，像是一條很長的牙膏般，此
   稱為大象牙膏。上述趣味實驗的反應方程式為：

   $H_2O_2 + I^- \rightarrow H_2O + IO^-$

   $H_2O_2 + IO^- \rightarrow H_2O + O_2 + I^-$

   $\overline{2H_2O_2 \rightarrow 2H_2O + O_2 \qquad \Delta H = -196 \text{ kJ}}$

   以結果判斷，何者為氧化劑？

   (A) H_2O_2　　(B) I^-　　(C) H_2O　　(D) IO^-　　(E) O_2

3. 承上題，判斷何者為催化劑？

   (A) 洗碗精　　(B) I^-　　(C) 量筒　　(D) IO^-　　(E) O_2

4. 大象牙膏白色泡沫裏，主要的成分是什麼氣體？

   (A) $N_{2(g)}$　　(B) $H_{2(g)}$　　(C) $CO_{2(g)}$　　(D) $H_2O_{(g)}$　　(E) $O_{2(g)}$

5. 翻閱羅馬帝國時代的紀錄，發現亞硫酸鹽能用來消毒釀葡萄酒的容器。
   此外，許多食品均含有天然存在的亞硫酸鹽，尤其是在各種醱酵食品當
   中。它可將食品的色素還原、漂白，並抑制氧化作用，防止發生褐變的
   現象。下列有關亞硫酸鹽的敘述，何者錯誤？

(A) 亞硫酸鹽自食品裏獲得電子，因此可作氧化劑

(B) 亞硫酸鹽提供電子給食品，使食品不易腐敗，所以是作還原劑

(C) 亞硫酸鹽能使食品褪色，可兼作漂白劑

(D) 天然的亞硫酸鹽與人造的亞硫酸鹽，性質與功效皆不相同

(E) 亞硫酸鹽為離子化合物

6. 免洗筷常以二氧化硫燻蒸後，即上市發售，而製造商又未予以水煮，殘留物質可能導致氣喘。下列有關二氧化硫的敘述，何者錯誤？

(A) 二氧化硫溶於水變成亞硫酸，不是氧化還原反應

(B) 二氧化硫燻蒸後附著在免洗筷上，有漂白筷子的作用

(C) 二氧化硫會刺激呼吸道導致氣喘發作

(D) 附著在免洗筷上的二氧化硫，浸泡水後會溶解成亞硫酸釋入水中

(E) 天然竹筷即使自然發霉，總比使用免洗筷安全，而且不會危害健康

7. 二氧化氯是一種帶有辛辣氣息的黃綠色氣體，是目前國際上公認的新一代廣效強力殺菌劑、高效氧化劑和優良漂白劑。下列有關二氧化氯的敘述，何者錯誤？（$O = 16$、$Cl = 35.5$）

(A) 二氧化氯是非金屬元素的氧化物溶於水呈酸性

(B) 二氧化氯可用排水集氣法收集

(C) 由於二氧化氯能獲得電子所以是氧化劑

(D) 二氧化氯的分子量為 67.5 比空氣重

(E) 二氧化氯分子共有 19 個價電子

8. 切勿把漂白劑與洗廁所用的鹽酸，倒在一起，因為會立刻產生有毒的氯氣很危險。反應方程式為：$NaClO + 2\ HCl \rightarrow Cl_2 + H_2O + NaCl$ 判斷何者為氧化劑？

(A) NaClO　　(B) HCl　　(C) Cl_2　　(D) H_2O　　(E) NaCl

9. 夏日檢驗游泳池的池水發現，含有微量的三氯化氮；而據美國研究顯示，有 20% 的泳客會在游泳池內尿尿。另外比利時也有研究顯示，三氯化氮和兒童哮喘病患的增加，有緊密的因果關係。已知生成三氯化

氮的反應式有二，一是氨與次氯酸化合成三氯化氮的反應方程式：NH_3 + $3HOCl \rightarrow NCl_3$ + $3H_2O$，二是氨與氯化合成三氯化氮的反應方程式：$4NH_3$ + $3Cl_2 \rightarrow NCl_3$ + $3NH_4Cl$，則上述兩式裏的還原劑各是什麼？

(A) 兩式都是 NH_3

(B) 一式是 $HOCl$、二式是 Cl_2

(C) 兩式都是 NCl_3

(D) 一式是 H_2O、二式是 NH_4Cl

(E) 一式是 NH_3、二式是 Cl_2

10. 可別把漂白水倒入含尿的馬桶中，用來清洗馬桶；原因是尿中的尿素，會分解出氨與二氧化碳；反應方程式為：$CO(NH_2)_2$ + $H_2O \rightarrow 2NH_3 + CO_2$。而產生的氨還會再與漂白劑中的次氯酸鈉反應，產生劇毒的聯胺；反應方程式為：$NaClO + 2NH_3 \rightarrow N_2H_4 + NaCl + H_2O$。下列有關的敘述何者錯誤？

(A) 氨易溶於水比空氣輕，可用向下排空氣集氣法收集

(B) 氨與次氯酸鈉反應產生聯胺的反應裏，氨是作為還原劑

(C) 尿素分解出氨與二氧化碳的反應裏，尿素是作為還原劑

(D) 次氯酸鈉氧化力強可殺死細菌和病毒

(E) 產生的聯胺可溶於水，會流入化糞池中

11. 聯胺與四氧化二氮混合使用，可當作火箭的燃料與助燃劑，反應方程式為：aN_2O_4 + $bN_2H_4 \rightarrow cN_2 + dH_2O$，平衡方程式可得 a：b：c：d 呈最小整數比，求 a + b + c + d =？

(A) 9　　(B) 10　　(C) 11　　(D) 12　　(E) 13

答：1.(A)　2.(A)　3.(B)　4.(E)　5.(D)　6.(E)　7.(B)　8.(A)　9.(A)　10.(C)　11.(B)

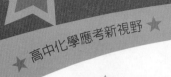

應考必備
觀念

主題10　維生素C與維生素E

一、維生素 C

　　在眾多保健食品中，維生素 C 算是賣得最夯的一種藥品，它被當作添加劑，加入商品中。比如摻進化妝品、保養品裏，例如：細白修護面膜、抗氧美白防曬霜。或是加入食品、飲料中，感覺吃了、喝了就能補充營養，例如：檸檬 C、維他命 C 水果軟糖、果汁、Lemon water 等，還有摻入感冒藥裏，增強免疫力，使病體早日康復，例如：伏冒熱飲、伏冒錠。

細白修護面膜

抗氧美白防曬霜

檸檬C

維他命C水果軟糖

果汁

Lemon water

伏冒熱飲　　　　　　　　　　　　伏冒錠

　　維生素 C 又名抗壞血酸，生產維生素 C 的原料，最初是從天然水果中提取出來的，但是由於成本過高；後來改用葡萄糖在高溫下還原成山梨糖醇，再將山梨糖醇發酵成山梨糖，最後經過數個化學合成的步驟，即可製造出成品來。現今更新的製藥科技，則是採用微生物的基因重組法，將葡萄糖直接發酵，轉變成維生素 C。

　　機伶的製藥廠商，將數公克的維生素 C 和碳酸鈣、碳酸氫鈉等粉末混合，製成發泡錠，服用時把它投入冷開水或溫開水中，它會立即溶解，就像打開汽水瓶蓋般地，不斷冒著氣泡，十分有趣。但需注意的是不要直接含入口中，如同含著喉片般，因為其中所添加的發泡劑，會對口腔黏膜造成過度刺激，而會讓人有著受傷害的感覺，所以一定要沖泡在水中，等溶解後再把它喝下去。並且當發泡錠完全溶解後，要立刻把它喝完，以免放在空氣中擱久了，會使裡面的有效成分，很容易地被氧化掉。同樣的理由，發泡錠在開封後的 1 個月內，應該盡快食用完畢，否則自封口的縫隙間，會逐漸溜入環境中的濕氣，或是跑進空氣，導致發泡錠的顏色與質地發生改變，影響到它的功效。

市售含維生素 C 的發泡錠：有來自法國製造的諾鈣 C 發泡錠，可順便補充鈣質；還有德國原裝進口的賀壽維他命 C 發泡錠，以及德國拜耳醫藥保健股份公司製作的阿司匹靈加 C 發泡錠。

諾鈣C發泡錠

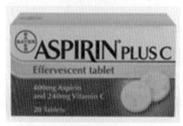

阿司匹靈加C發泡錠

賀壽維他命C發泡錠

應考能力
檢測

1. 合成維生素 C 和天然維生素 C，化學結構完全相同。下列有關的敘述，
   何者錯誤 ？

   (A) 合成維生素 C 是用葡萄糖作原料，其來源廣泛，因此成本較低
   (B) 天然維生素 C 的原料來自於水果，其來源有限，因此成本較高
   (C) 合成維生素 C 成本低，售價便宜；天然維生素 C 成本高，售價昂貴
   (D) 天然維生素 C 與合成維生素 C，對於身體的作用，幾乎完全一樣
   (E) 天然維生素 C 多吃無害，合成維生素 C 吃多有害

2. 生產維生素 C 是以葡萄糖（$C_6H_{12}O_6$）為原料，在鎳的催化下，經過加
   熱、加壓、加氫後，即可製得山梨糖醇（$C_6H_{14}O_6$）即己六醇又名山梨
   醇；而後再將山梨糖醇發酵成山梨糖（$C_6H_{12}O_6$）。下列有關前述反應的
   敘述，何者錯誤 ？

   (A) 葡萄糖與山梨糖分子式相同，兩者是同分異構物
   (B) 葡萄糖增加兩個氫轉化成山梨糖醇，反應中葡萄糖被還原
   (C) 山梨糖醇減少兩個氫發酵成山梨糖，反應中山梨糖醇被氧化
   (D) 在碳氫氧化合物加氫的反應裏，氫是作為氧化劑
   (E) 葡萄糖與山梨糖的實驗式都是 CH_2O

3. 膠原蛋白的合成，需要維生素 C 的參與，所以體內若缺乏維生素 C，膠
   原蛋白就不能正常合成，而會導致細胞連接的障礙。因此許多美白修護
   面膜中，會添加水解膠原蛋白和維生素 C。

   維生素 C 的化學式為：

氧化失去電子後的化學式為：

下列有關的敘述，何者錯誤？

(A) 維生素 C 難溶於水，易溶於體脂肪

(B) 維生素 C 氧化失去電子，是作為還原劑

(C) 維生素 C 氧化後會產生氫離子 H^+，導致溶液的 pH 值降低

(D) 維生素 C 可提供合成膠原蛋白，所需要吸收的電子

(E) 維生素 C 是作為面膜的抗氧化劑，能增長面膜的保存期限

4. 發泡錠是維生素 C 和碳酸鈣、碳酸氫鈉等粉末混合製成，溶於水會產生氣泡。下列有關的敘述，何者正確？

(A) 發泡錠水溶液因為含有鈣離子與鈉離子所以呈鹼性

(B) 產生氣泡的主要成分是氧氣因此可提供活力

(C) 碳酸鈣與碳酸氫鈉遇到酸性的維生素 C 會產生二氧化碳氣體

(D) 發泡錠在空氣中放久了會使維生素 C 變質呈褐色

(E) 碳酸鈣與碳酸氫鈉可增強維生素 C 的抗氧化力

5. 果汁或檸檬口味的烤肉片、肉乾、豆干等商品封袋上，標示著沒有添加防腐劑，並含有維生素 C，有效日期等，食品能保存數日，開封後不會很快腐敗的原因為何？

(A) 因為果汁或檸檬裏含有維生素 C，可作為抗氧化劑，減緩食品腐敗

(B) 烤肉片時火焰溫度高，已徹底滅菌，所以不會腐敗

(C) 果汁或檸檬釋出的氫離子 H^+，增強酸性，使得細菌無法孳生

(D) 果汁或檸檬裏的檸檬酸受熱後會轉化成維生素 C

(E) 由於果汁或檸檬是純天然物質，所以可使食品保持新鮮，而不分解變質

答：1.(E)　2.(D)　3.(A)　4.(C)　5.(A)

二、維生素 E

　　維生素 E 又名生育酚或產妊酚，共有八種形式：包括四種生育酚和四種生育三烯酚，分別具有 α、β、γ、Δ 的形式，例如：α- 生育酚的結構為：

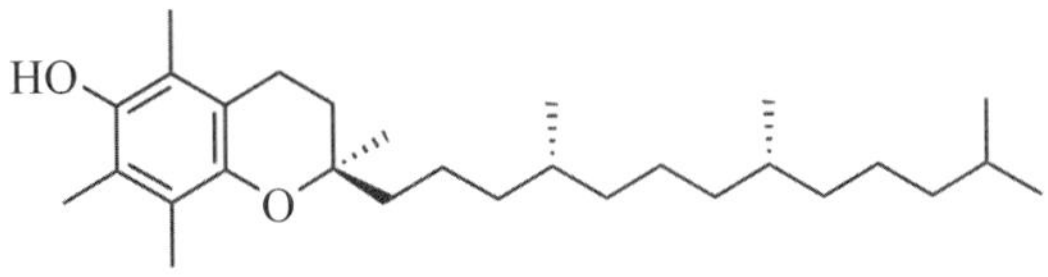

α- 生育三烯酚的結構為：

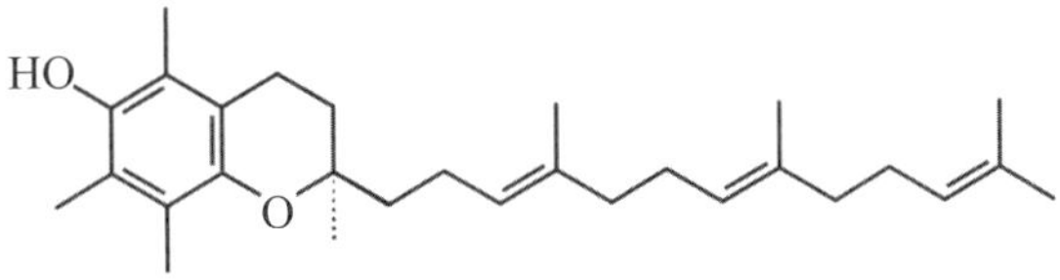

它們全是重要的抗氧化劑[1]，能幫助防止多元不飽和脂肪酸及磷脂質被氧化，可維持細胞膜的完整性。但因其為脂溶性維生素，攝取過量會蓄積於體內，所以應盡量避免長期過量服用維生素 E 的膠囊。

---

[1] 抗氧化劑的英文antioxidant，它是指能減緩或防止氧化作用的分子。例如：維生素C、維生素E、輔酶Q10

維生素 E 存在食用油、堅果、魚以及綠色蔬菜等食物中，由於它對於燒燙傷後皮膚的癒合、淡化疤痕以及減少老人斑的沉積等，具有一定程度的療效。因此在食用油、化妝品、乳霜和乳液中，通常會添加維生素 E。

另外在泡麵裏，由於空氣中含有水蒸氣，為避免水蒸氣滲入麵裏，導致細菌滋生而發霉，因此製造泡麵，大多採用油炸的方式，排除麵條中的水分，所以在泡麵表面，會附著一層薄薄的油，猶如在物品表面塗上一層防護漆般，可阻止水分的入侵。又為避免油層酸敗，廠商於是在油裏添加維生素 E，使得油層不易氧化壞掉。因此在泡麵的包裝上，大都標示著不含防腐劑[2]，其實那是以維生素 E 做替代品，好讓顧客買得放心，吃得也安心，一舉兩得，聰明的行銷法呀！

---

[2] 防腐劑的英文 preservative，它是指天然或合成的化學成分，用於添加到食品、藥品、化妝品、保養品、顏料、生物標本、木材等，以延遲微生物生長或化學變化所引起的腐敗。例如：苯甲酸鈉、山梨酸鉀、亞硝酸鈉等。

應考能力
檢測

1. 有關維生素 C 和維生素 E 的敘述，何者錯誤 ？

(A) 維生素 C 還原力強而維生素 E 氧化力強

(B) 維生素 C 易溶於水而維生素 E 難溶於水

(C) 維生素 C 大都製成藥錠而維生素 E 則作成膠囊

(D) 等質量的維生素 C 比維生素 E 含有較多的氧原子

(E) 維生素 C 和維生素 E 都可作為還原劑

2. 亞油酸、磷脂醯膽鹼、α- 生育三烯酚和支鏈澱粉，四者的化學結構，如表所示，下列有關的敘述，何者正確 ？

亞油酸	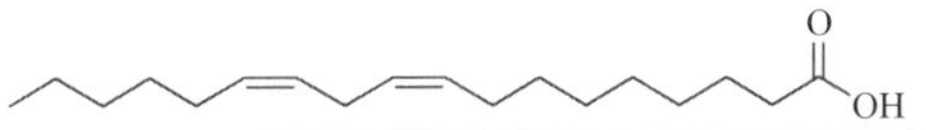
磷脂醯膽鹼	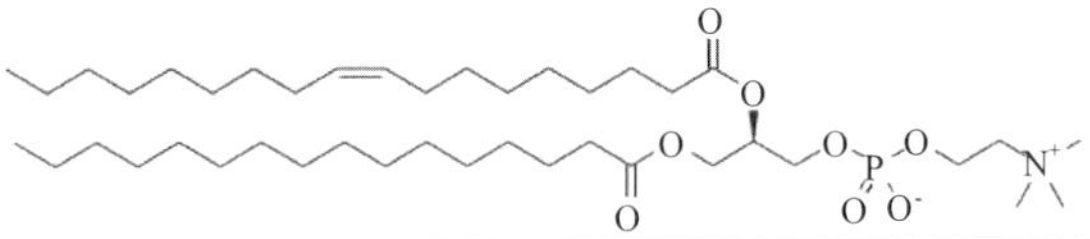
α- 生育三烯酚	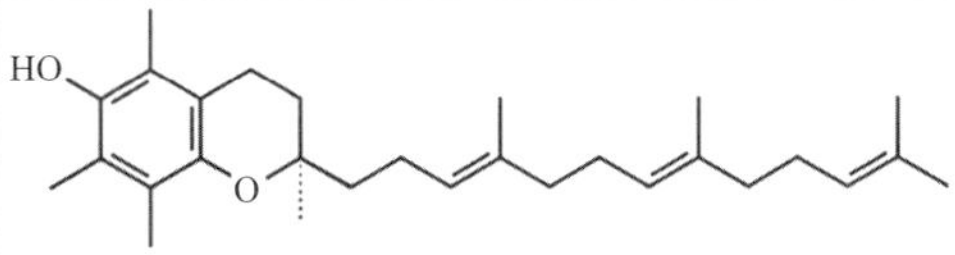
支鏈澱粉	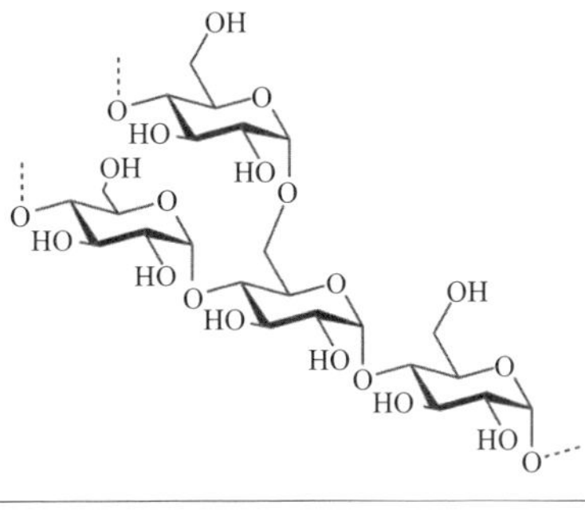

(A) 四種分子都含有長鏈狀的碳氫鍵結

(B) 四種分子都難溶於水易溶於油

(C) 支鏈澱粉含氧最多最容易氧化

(D) 四種分子易混合並溶在一起

(E) 只有支鏈澱粉是混合物其餘三者都是化合物

3. 維生素 E 能幫助防止多元不飽和脂肪酸及磷脂質被氧化，可維持細胞膜的完整性。下列有關前述三種分子的敘述，何者錯誤？

(A) 維生素 E 比較容易被氧化

(B) 三種分子結構都有長鏈狀的碳氫鍵結

(C) 維生素 E 能替代多元不飽和脂肪酸及磷脂質構成細胞膜

(D) 維生素 E 能提供電子給其他物質

(E) 多元不飽和脂肪酸及磷脂質仍會氧化分解

4. 有關維生素 E、泡麵裏的澱粉，以及它表面的油脂，三者相關的敘述，何者錯誤？

(A) 澱粉是聚合物比較不容易被氧化

(B) 油脂若是飽和脂肪酸也比較不容易被氧化

(C) 維生素 E 是小分子比較容易被氧化

(D) 維生素 E 會逐漸滲入含澱粉的麵條裏

(E) 表面的油脂裏含有維生素 E

5. 有關食用油添加維生素 E 而不添加維生素 C，相關的敘述，何者正確？

(A) 維生素 E 可溶於食用油，而維生素 C 難溶於食用油

(B) 經高溫油炸後，維生素 E 會被分解，而維生素 C 不會被分解

(C) 食用油含碳、氫原子的比例，與維生素 E 相同，而與維生素 C 不同

(D) 維生素 E 摻入食用油裏，所提高的耐熱分解溫度，比維生素 C 多

(E) 維生素 E 比維生素 C 的價格低很多

答：1.(A)　2.(E)　3.(C)　4.(D)　5.(A)

第五單元

物質的構造與特性——
化學鍵結

主題11　八隅體的歷史本文

應考必備
觀念

　　路易斯結構是用電子點來表達存在於分子中，各個原子之間的鍵結電子對，以及各個原子價殼層上的孤對電子的一種繪圖。它是美國學者路易斯在 1916 年的論文《原子與分子》中，所提出的一個概念，主要是以具體的圖像來描述價電子的情形。

　　其中，不符合八隅體規則的，主要有三種情形。

　　一是缺電子分子，例如三氟化硼中心原子價電子數是 6。

　　三氟化硼的分子結構圖為 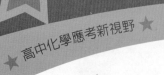，氟與硼的鍵長是 131.3 皮米，

比單鍵的鍵長短，共振成大 π 鍵，如圖所示：，因此它似乎也符合

八隅體。

　　它的性質由歐盟危險性符號表示： 可知它有劇毒、腐蝕

性強，是一種極危險的藥品。

　　二是奇電子分子，例如一氧化氮的分子結構圖為 $\overset{\overline{\underline{\underline{\underline{\quad}}}}}{\underset{115\,pm}{N\!=\!\!=\!\!O}}$ 、二氧化氮的

分子結構圖為 ，中心原子價電子數是 7 為奇數。

　　三是超價分子，例如六氟化硫的分子結構圖為 ，中心原子

價電子數是 12 超過 8。

　　雖然對於超價分子的結構，還沒得到公認的解釋，甚至連定義都處於爭論中。但是一些常見的酸，比如磷酸、硫酸、氯酸等，也是屬於超價分子，它們的中心原子價電子數，完全不符合八隅體。看看它們的分子結構，如表所示。

名稱	磷酸	硫酸	氯酸
分子結構			
中心原子價電子數	10	12	12

　　由於原子內的電子殼層的排布，依序為：K、L、M...，全滿的電子數分別是 2.8.18…個；因此以化學元素週期表，第三週期主族原子為中心鍵結成的價電子數是可超過 8 個的。

　　所以硬是將八隅體的規則，套用在某些分子上，反而突顯它的侷限性。有關分子的鍵結，有許多的學說可用，就像孩子才剛長大，走路尚且不穩，搖搖晃晃的，不穿鞋也無妨，何必急著穿大鞋，或是削足適履呢？

　　而高中化學書籍的編寫與命題，似乎老是抱殘守缺的，套用著八隅體，那麼磷酸根、硫酸根與氯酸根等是否有共振？而它們的結構式到底該

怎麼畫，才算對呢？

　　打開八隅體的歷史本文，浮現出的結構圖，與現今記載的離子結構和
共振圖形，比照一番，如表所示。瞭了吧！

名稱	磷酸根	硫酸根	氯酸根
八隅體結構			
離子結構			
共振圖形			

應考能力
檢測

1. 有關三氟化硼的敘述何者正確？

   (A) 硼屬 13 族，未鍵結的硼原子有 3 個價電子
   (B) 三氟化硼是離子化合物
   (C) 硼易得到 5 個電子，形成 -5 價的陰離子
   (D) 氟可失去 1 個電子，形成 +1 價的陽離子
   (E) 三氟化硼的氟與硼都屬於同一族的元素

2. 以路易斯電子點所畫出的兩種亞硝酸根離子的結構式：

   $$:\overset{..}{O}-\overset{..}{\overset{N}{\,}}-\overset{..}{O}: \quad \longleftrightarrow \quad :\overset{..}{O}-\overset{..}{\overset{N}{\,}}-\overset{..}{O}:^-$$

   下列有關的敘述何者錯誤？

   (A) 氮與氧原子間有電子共振
   (B) 氮與氧間的共價鍵為 $1\frac{1}{2}$ 鍵
   (C) 氮只有 5 個價電子，因此亞硝酸根不符合八隅體結構
   (D) 亞硝酸根與氫離子（H^+）鍵結成亞硝酸，符合八隅體結構
   (E) 亞硝酸根有 3 對鍵結電子對，6 對孤對電子

3. 下列哪一個分子，可以用路易斯電子點畫出共振結構式？

   (A) SO_2　　　(B) CO_2　　　(C) O_2　　　(D) CH_4　　　(E) C_2H_4

4. 下列哪一個是二氧化碳的路易斯電子點結構式？

   (A) $\overset{..}{O}=C=\overset{..}{O}$　　(B) $\overset{..}{\overset{..}{O}}=\overset{..}{C}=\overset{..}{\overset{..}{O}}$　　(C) $:\overset{..}{O}\overset{\overset{..}{C}}{\diagdown}\overset{..}{O}:$　　(D) $\overset{..}{C}=O=\overset{..}{\overset{..}{O}}$

   (E) $\overset{..}{\underset{..}{O}}=\overset{..}{\underset{..}{C}}=\overset{..}{\underset{..}{O}}$

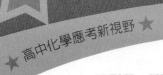

5. 下列哪一種形式的鍵結，不遵守八隅體法則？

(A) —X— (B) :X— (C) >X— (D) ≡X:

(E) —Ẍ=

6. 下列哪一種路易斯電子點的結構式最不合理？

(A) $\left[:\!\overset{..}{F}\!-\!\overset{..}{F}\!-\!\overset{..}{F}\!: \right]^-$ (B) $\left[:\!\overset{..}{Cl}\!-\!\overset{..}{Cl}\!-\!\overset{..}{Cl}\!: \right]^-$ (C) $\left[:\!\overset{..}{Br}\!-\!\overset{..}{Br}\!-\!\overset{..}{Br}\!: \right]^-$

(D) $\left[:\!\overset{..}{I}\!-\!\overset{..}{I}\!-\!\overset{..}{I}\!: \right]^-$ (E) $\left[:\!\overset{..}{Cl}\!-\!\overset{..}{I}\!-\!\overset{..}{Cl}\!: \right]^-$

7. 一個帶 2 個負電荷的陰離子團，它的路易斯電子點的結構式如下圖所示，式中 X 為下列何者最合理？

$$\left[\begin{array}{c} :\!\overset{..}{O}\!: \\ :\!\overset{..}{X}\!-\!X\!-\!\overset{..}{O}\!: \\ :\!\overset{..}{O}\!: \end{array} \right]^{2-}$$

(A) Xe (B) Cl (C) S (D) N (E) C

8. 一個分子路易斯電子點的結構式，如圖所示：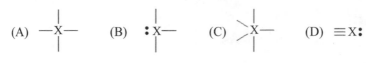，X 為下列哪

一種元素最合理？

(A) H (B) F (C) C (D) N (E) O

9. 一個帶 2 個負電荷的陰離子團，它的路易斯電子點的結構式如下圖所示，式中 X 為下列何者最合理？

$$\left[\begin{array}{c} :\!\overset{..}{O}\!: \quad :\!\overset{..}{O}\!: \\ :\!\overset{..}{X}\!-\!\overset{..}{X}\!: \\ :\!\overset{..}{O}\!: \quad :\!\overset{..}{O}\!: \end{array} \right]^{2-}$$

(A) Cl (B) S (C) P (D) Si (E) Al

10. 下列分子，何者的中心原子只有一對孤對電子？

　　(A) PCl_3　　　(B) CO_2　　　(C) SO_3　　　(D) BF_3　　　(E) SF_2

11. 六氟化硫是常用的致冷劑及輸配電設備的絕緣與防電弧氣體，但它也是能持久存在大氣中的溫室氣體，效果是二氧化碳的 22,200 倍。有關的敘述何者錯誤？

　　(A) 一個 SF_6 分子有 6 對鍵結電子對與 18 對孤對電子

　　(B) SF_6 是一個八面體形分子

　　(C) SF_6 是非極性分子

　　(D) SF_6 中氟原子符合八隅體結構

　　(E) SF_6 中硫原子符合八隅體結構

12. 有關磷酸、硫酸、氯酸三分子的敘述，何者錯誤？

　　(A) 磷屬 15 族，未鍵結的磷原子有 5 個價電子

　　(B) 硫屬 16 族，未鍵結的硫原子有 6 個價電子

　　(C) 氯屬 17 族，未鍵結的氯原子有 7 個價電子

　　(D) 磷酸根、硫酸根與氯酸根的中心原子都沒有孤對電子

　　(E) 氯酸的中心原子有 1 對孤對電子

13. 有關磷化氫、硫化氫、氯化氫三分子的敘述，何者錯誤？

　　(A) 磷化氫的化學式是 PH_3，分子中磷原子符合八隅體結構

　　(B) 硫化氫的化學式是 H_2S，分子中硫原子符合八隅體結構

　　(C) 氯化氫的化學式是 HCl，分子中氯原子符合八隅體結構

　　(D) 磷化氫、硫化氫、氯化氫分子中依序分別有 1、2、3 對孤對電子

　　(E) 磷化氫、硫化氫、氯化氫分子中依序分別有 1、2、3 對鍵結電子對

答：　1.(A)　　2.(C)　　3.(A)　4.(A)　5.(C)　6.(A)　7.(C)　8.(E)　9.(B)　10.(A)

　　11.(E)　　12.(D)　　13.(E)

主題12　三聚氰胺

　　2004 年大陸發生劣質奶粉毒害嬰兒的事件，由於有些嬰兒自出生起，一直吃牛奶，結果卻長得四肢短小、身體瘦弱、並且頭部明顯腫大，因此被稱為「大頭娃娃病」。追究病因發現，這些娃娃所吃的牛奶，奶粉裏蛋白質的含量竟只有 0.37%，最高的也僅有 2-3%，根本是毫無營養的假奶粉，比米湯還糟糕。而為了根絕源頭，避免無辜嬰兒再吃到成分不明，或營養不夠的奶粉，例如：摻入黃豆粉、米粉、糖粉等亂七八糟物質的空殼奶粉或雜牌奶粉；因此規定嬰幼兒配方的奶粉，蛋白質含量必須達到 15%-25%；而沒想到不肖的奶粉廠商，依舊唯利是圖，竟將俗稱密胺或蛋白精的三聚氰胺[1]，偷偷地加入奶粉中，充當蛋白質，以提高奶粉成分的含氮量。由於蛋白質的檢驗法，是用簡單的含氮量分析法，測量、換算出奶粉中蛋白質的大約含量，所以摻了三聚氰胺的毒奶粉，竟然成了蛋白質含量夠高的優質嬰兒奶粉。

　　2008 年首宗罹患「腎結石」病症的嬰幼兒，被送到醫院救治，這才爆發出三鹿牌奶粉中，含有的三聚氰胺毒奶粉事件。由於三鹿牌奶粉的銷售量廣，台灣許多奶製食品，例如：奶粉、煉乳、優酪乳、奶酪、餅乾、蛋

---

[1] 三聚氰胺的英文是melamine音譯成「美耐皿」，而一般所說的「美耐皿」，卻是指用三聚氰胺甲醛樹脂（melamine-formaldehyde resin）為原料，製成的餐具。它的質感讓人感覺比塑膠餐具高級，看似陶瓷，堅硬而不變形，不易碎。由於它的結構屬熱固性塑膠，在高溫時雖然不會熔化，但還是有可能會釋出微量的三聚氰胺，所以用美耐皿盛裝的食品，是不能用微波加熱的。

糕等，全部都檢驗出含有三聚氰胺，一下子三聚氰胺似乎成了日常食品中必然含有的成分。

　　事實上，三聚氰胺的毒性很低，一般成年人會自動地將它排泄出體外，不過如果與三聚氰酸[2]並用，會形成無法溶解的氰尿酸三聚氰胺[3]，造成嚴重的腎結石。又根據腎結石成分的不同，可分草酸鈣結石、磷酸鈣結石、尿酸鹽結石、磷酸銨鎂結石、胱氨酸結石及嘌呤結石六類。不過，已有報導指出，三聚氰胺在胃酸的作用下，部分轉化為三聚氰酸而與未轉化的部分形成結晶，就會造成腎結石。所以，可能還有第七類的腎結石，會被驗證出來吧！

---

[2]　三聚氰酸的英文是cyanuric acid翻譯成氰尿酸，因此中文又名氰尿酸。

[3]　氰尿酸三聚氰胺的英文是melamine cyanurate、melamine+cyanurate、melamine-cyanuric acid adduct、melamine-cyanuric acid complex。

應考能力
檢測

1. 檢驗奶粉之蛋白質含量，一般以總氮量即氮之重量百分率表示。某黑心廠商為了提高奶粉總氮量而違法加入三聚氰胺，其結構式如圖所示：
下列敘述何者錯誤？

(A) 三聚氰胺的分子式是 $C_3H_6N_6$

(B) 三聚氰胺的實驗式是 CH_2N_2

(C) 三聚氰胺元素分析含碳、氫、氮的質量比 W_C：
   W_H：$W_N = 6$：1：14

(D) 三聚氰胺結構式中含 3 個雙鍵、6 個單鍵

(E) 三聚氰胺含氮量約 66.7%

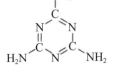

2. 三聚氰胺結構式中鍵結電子對代號 bp，與孤電子對代號 lp，依序分別為多少？

(A) 18 bp，6 lp　　(B) 12 bp，12 lp　　(C) 12 bp，6 lp

(D) 6 bp，18 lp　　(E) 6 bp，12 lp

3. 三聚氰胺結構式中，總電子數為多少？

(A) 48　　(B) 54　　(C) 60　　(D) 66　　(E) 126

4. 三聚氰胺有兩個共振結構式，如圖所示：

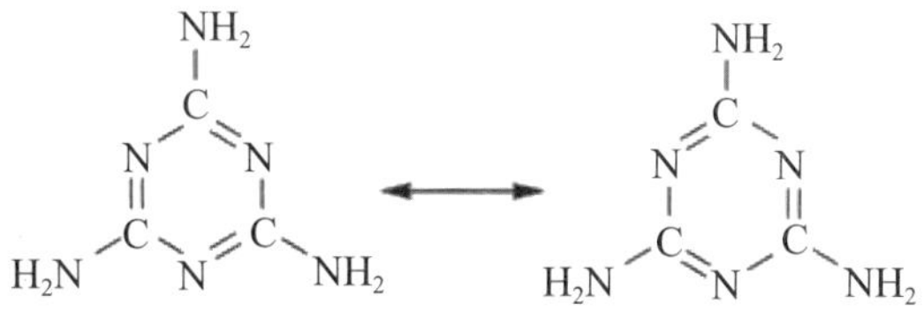

它的氮碳鍵結與下列哪個化合物類似？

(A) 苯 C_6H_6　　(B) 三氟化硼 BF_3　　(C) 三氧化硫 SO_3

(D) 乙烷 C_2H_4　　(E) 二氧化碳 CO_2

5. 三聚氰胺（以藍色表示）與三聚氰酸（以紅色表示）兩化合物，可因氫鍵的作用（以虛線表示）形成氰尿酸三聚氰胺雙分子複合物（圖一）；同樣也可多個聚集，因氫鍵的作用形成氰尿酸三聚氰胺大分子複合物（圖二）

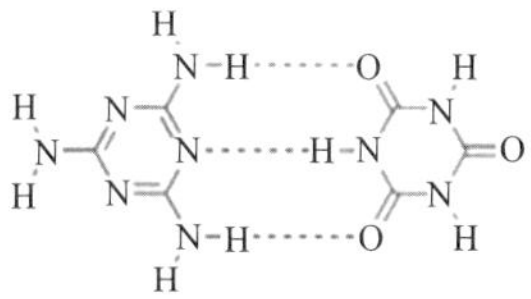

（圖一） 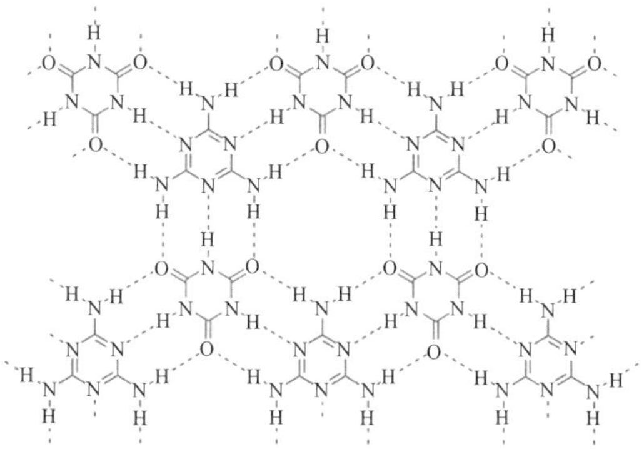　　　　　　　　　　　（圖二）

下列敘述何者錯誤？

(A) 三聚氰酸的分子式是 $C_3H_3N_3O_3$

(B) 三聚氰酸的實驗式是 CHNO

(C) 三聚氰酸元素分析含碳、氫、氮、氧的質量比 $W_C：W_H：W_N：W_O =$
12：1：14：16

(D) 三聚氰酸結構式中含 3 個雙鍵、9 個單鍵

(E) 氰尿酸三聚氰胺是共價網狀晶體

6. 三聚氰酸結構式中鍵結電子對代號 bp，與孤電子對代號 lp，依序分別
為多少？

(A)18 *bp*，6 *lp*　　　(B)15 *bp*，9 *lp*　　　(C)12 *bp*，12 *lp*　　　(D)9 *bp*，15 *lp*

(E)6 *bp*，18 *lp*

7. 三聚氰酸結構式中，總電子數為多少？

(A) 48　　　(B) 54　　　(C) 60　　　(D) 66　　　(E) 126

8. 六類腎結石的成分，最普遍的是草酸鈣；而可能出現最新型的成分是氰
尿酸三聚氰胺。上述兩種成分性質的敘述，何項錯誤？

(A) 草酸鈣是離子化合物晶體

(B) 氰尿酸是分子化合物的固體

(C) 三聚氰胺是分子化合物的固體

(D) 草酸鈣難溶於水

(E) 複合物氰尿酸三聚氰胺易溶於水

答：1.(D)　2.(A)　3.(D)　4.(A)　5.(E)　6.(B)　7.(D)　8.(E)

主題13　碳化鈣、碳化鎢、氮化硼

一、碳化鈣

　　電石會導電耶！它的主成分是碳化鈣，純度越高，越容易導電。

　　純的碳化鈣是無色晶體，可由生石灰與碳混合後，在電爐中加熱到2000°C 以上反應製得。碳化鈣碰到水，或遇到潮濕的空氣，就會冒泡產生電石氣，也就是乙炔。

　　天然含碳化鈣的土壤和石頭，以前被用來製成「電土燈」作為照明用。由於它的照明度比煤油燈還亮，並且比較不容易被強風所吹熄，因此多用於野外、洞窟或礦坑裏。而使用電土燈作照明，在深入洞窟或礦坑時，如果碰到氧氣不足，就會發出黑色煤煙，提醒人們應當立即撤出，不宜再冒然躁進，或是久待其中，所以又被稱為「救命燈」。

　　當乙炔與足量的氧反應時，會產生高溫與熱量。有一種使用電石自製竹炮的玩法，是先將一段竹子的竹節挖空，當作炮管，底部放入電石，加水，待產生足量的乙炔後，再點火。此時竹管內的乙炔，可迅速燃燒，形成一股衝力，從節管開口處噴發出氣體，並產生轟然巨響。

　　另外乙炔有催熟水果的作用，這和水果本身會逐漸釋放出乙烯的作用相似。由於一般自然成熟的水果，果皮難免會長出一些不均勻的顏色來，甚至帶些黑色或褐色的斑點，看起來醜醜的，因此顧客不喜歡。所以有一個流傳已久，能使摘下來還很青澀的水果，快速成熟的方法。那就是在封

閉的容器或袋子裏，使用電石加水產生乙炔，讓乙炔圍繞在水果的周遭，促使水果快速成熟，並能使水果的表皮，呈現鮮豔欲滴的色澤，譬如黃澄澄的香蕉皮，紅通通的蘋果皮、均勻亮黃或亮紅的芒果皮等。

現代醫學已證明碳化鈣可能會導致癌症，很多國家也都明文規定，禁止使用碳化鈣進行水果催熟的作用，但是許多人還是不明白，使用已久的土方法，到底有何不妥，怎麼會危害身體的健康呢？也似乎從沒聽說過，吃了催熟的毒香蕉、毒蘋果、毒芒果等，中毒死亡的事件。所以仍有人嘗試使用電石作為水果的催熟劑。真是無知才敢濫用，而誰來教導果農、果商與顧客，當季自然成熟的水果，比起好看催熟的水果，才是真正討人喜歡，與適合人體食用呢？

1. 有關碳化鈣晶體的結構，下列敘述何者錯誤？

   (A) 它的晶體能傳遞電能　　　(B) 碳化鈣 CaC_2 是實驗式

   (C) 晶體內包含離子鍵與共價鍵　　　(D) 它是共價網狀固體

   (E) 碳化鈣可被敲碎

2. 碳化鈣可由生石灰 (氧化鈣) 和碳反應製得，方程式為：$CaO + 3\ C \rightarrow$ $CaC_2 + CO$，將 900 公斤的生石灰氧化鈣與 900 公斤的碳混合，最多可製得大約多少公斤的碳化鈣？（$C = 12$、$O = 16$、$Ca = 40$）

   (A) 343　　　(B) 900　　　(C) 1029　　　(D) 1600　　　(E) 1920　　公斤

3. 乙炔是重要的工業原料，可由碳化鈣反應製得，其方程式為：$CaC_2 + 2\ H_2O \rightarrow C_2H_2 + Ca(OH)_2$ 下列敘述何項正確？

   (A) CaC_2 和 $Ca(OH)_2$ 是實驗式

   (B) H_2O 和 C_2H_2 是實驗式

   (C) C_2H_2 可用向上排空氣集氣法收集

   (D) H_2O、C_2H_2 原子間的鍵結只有離子鍵

   (E) CaC_2、$Ca(OH)_2$ 原子間的鍵結只有離子鍵

4. 玩完電石製成的竹炮後所剩餘的物質，下列有關的敘述何者錯誤？

   (A) 過濾出的澄清水溶液久置空氣中，會出現白色混濁的現象

   (B) 將剩餘的物質倒回土壤裏，會使土壤的 pH 值下降

   (C) 回收的固體強熱、脫水後，還可再作為製造電石的一種原料

   (D) 把酚酞指示劑加入剩餘的水溶液中，會呈現出紅色

   (E) 剩餘的水溶液是可以導電的

5. 將碳化鈣、乙炔、乙烯、氫氧化鈣、氧化鈣、碳酸鈣、碳酸氫鈣等七種化合物，按下列有關的敘述分類，何項錯誤？

(A) 有 6 種化合物原子間含有共價鍵，5 種化合物原子間含有離子鍵

(B) 有 3 種化合物含有碳原子，有 4 種化合物含有氫原子

(C) 常溫常壓下有 2 種氣體化合物，5 種固體化合物

(D) 有 2 種分子化合物，5 種離子化合物

(E) 碳化鈣、碳酸鈣、碳酸氫鈣三者只有 1 種化合物加入水中會有氣泡產生

答：1.(D)　2.(C)　3.(A)　4.(B)　5.(B)

二、碳化鎢

　　碳化鎢是由碳與鎢化合成的物質，硬度極高[1]，可作為刀具的材料，能用來切割不鏽鋼[2]，正所謂削鐵如泥。

　　碳化鎢的熔點可達 2870°C，為熱與電的良導體；它可用來製造高硬度裝甲或穿甲彈彈芯，運動器材零件，以及原子筆筆尖的圓珠等。

　　比較特別的是用來製造芬蘭諾基亞輪胎（Nokian Tyres）裏的碳化鎢釘子，釘子的周圍包裹著鋁，如圖所示。此種輪胎非常適合裝置在冬天下雪地區的車輛上，它能確實將動力傳遞至路面，避免打滑狀況的發生，並可減少油料的無謂浪費，以及輪胎的磨耗。

腳踏車的釘輪胎

轎車的釘輪胎

　　另外在醫療手術的器械裏，也常用碳化鎢作材料。

---

[1]　碳化鎢的摩氏硬度可達9-9.5；而硬度最大的金屬鉻，摩氏硬度為8.5。
[2]　不鏽鋼指鐵合金中含鉻質量百分比，至少需有10.5%-11%的鋼鐵材料。

應考能力檢測

1. 有關碳化鎢的晶體結構，下列敘述何者錯誤？
   (A) 碳化鎢是無機化合物
   (B) 它的晶體能傳遞電能
   (C) 碳化鎢的熔點比鎢低
   (D) 它的晶體能傳遞熱能
   (E) 碳化鎢比鑽石還硬

2. 有關碳化鎢、不鏽鋼、橡膠、鉻、鋁、鑽石六種物質的敘述，下列何者錯誤？
   (A) 碳化鎢、鑽石是化合物
   (B) 不鏽鋼、橡膠是混合物
   (C) 鉻、鋁是元素
   (D) 硬度比：鑽石 > 碳化鎢 > 鉻 > 鋁
   (E) 導電度比：碳化鎢 > 鑽石

答：1.(E)　2.(A)

三、氮化硼

　　氮化硼和碳一樣，具有多種不同的結構體。其中一種結構體類似鑽石，稱為立方氮化硼，如圖所示：

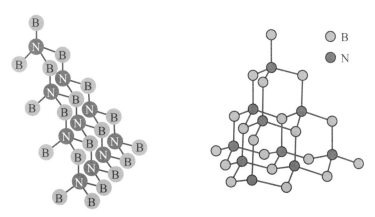

左圖為立方氮化硼的鍵結圖，右圖為它的立體網狀結構圖

　　它的硬度高，可作高溫磨料和拋光劑。

　　而另一種則類似石墨的結構體，稱為六方氮化硼，俗稱白石墨，化學性質極不活潑，能耐千度℃以上的高溫，可做絕緣材料、耐火材料、坩堝和高溫潤滑劑。也能用於製作化妝品的配方，其特性是具有滑順的質感、良好的附著性、亮白的光澤、散熱的特質與吸油性高等多項優點，可應用於多種化妝品裏，諸如：蜜粉、粉底、眼影、脣膏與護膚霜等。

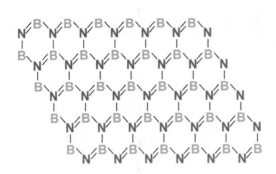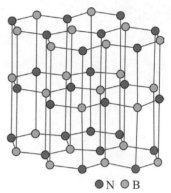

左圖為六方氮化硼的鍵結圖，右圖為它的平面網狀三層結構圖

應考能力
檢測

1. 有關立方氮化硼的晶體結構，下列敘述何者正確？

(A) 它的晶體能傳遞電能
(B) 氮化硼 BN 是雙原子分子
(C) 氮與硼間為離子鍵
(D) 最靠近氮的硼有 4 個
(E) 立方氮化硼比鑽石硬

2. 有關六方氮化硼的晶體結構，下列敘述何者錯誤？

(A) 由於它俗稱白石墨因此導電性好
(B) 氮與硼間為極性共價鍵，其中氮帶部分負電荷而硼帶部分正電荷
(C) 等原子數的氮化硼與石墨，所含的價電子總數相等
(D) 氮與硼的共價鍵比層與層間的距離短
(E) 六方氮化硼的密度比立方氮化硼小

3. 氮化硼是由氮與硼兩種不同的元素所構成的晶體，而鑽石與石墨都是由碳一種元素所構成的晶體，下列有關氮 N、硼 B、碳 C 三種原子的敘述，何者正確？

(A) 未鍵結原子半徑的大小為：氮 r_N > 碳 r_C > 硼 r_B
(B) 氮屬於 5 族、硼屬於 3 族、碳屬於 4 族
(C) 氮、硼、碳三種原子任兩原子間都可形成共價鍵
(D) 原子量的大小為：硼 M_B > 碳 M_C > 氮 M_N
(E) 氮有 7 個價電子、硼有 5 個價電子、碳有 6 個價電子

4. 環硼氮烷在結構與苯極為相似，其路易斯電子點式的共振結構圖為：

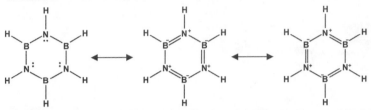

因此被稱為無機苯，但它的化學性質卻與苯有很大差異，下列有關的敘述何者錯誤？

(A) 環硼氮烷分子式是 $B_3N_3H_6$

(B) 環硼氮烷與苯是等電子體，即價電子總數相等

(C) 因為共振結構所以氮與硼間的共價鍵長相等

(D) 環硼氮烷裏氮氫 (N – H) 共價鍵長大於硼氫 (B – H) 共價鍵長

(E) 在常溫常壓下苯為液體，環硼氮烷也為液體

5. 有關單層六方氮化硼與石墨烯的敘述，下列何者錯誤？

(A) 單層六方氮化硼薄膜與石墨烯都是導體

(B) 單層石墨也就是石墨烯的平面只有一個原子厚

(C) 單層六方氮化硼的平面只有一個原子厚

(D) 單層六方氮化硼與石墨烯皆呈蜂巢狀晶格

(E) 單層六方氮化硼薄膜與石墨烯幾乎是完全透明

答：1.(D)　2.(A)　3.(C)　4.(D)　5.(A)

應考必備
觀念

主題14　鋁合金

鋁是地殼中含量第一的金屬元素，也是使用最廣泛的非鐵金屬；純鋁較軟，在高溫時失去抗張強度。經處理過的鋁合金，質輕而較堅韌，在生活中應用得很多，茲舉數項來說明：

一、易開罐鋁合金

鋁合金大量用於易開罐，包括啤酒、汽水飲料、食品等的易開罐包裝。它們所用的鋁合金成分，約含有 92.5% ∼ 97% 的鋁，小於 5.5% 的鎂，小於 1.6% 的錳，小於 0.15% 的鉻和一些微量的鐵，矽，銅等。值得一提的是早期分離式拉環，開罐後會與罐身分離，使用不當，易傷手指。若隨意丟棄拉環，則可能會造成動物的誤食，而傷害了動物。現今改良式的拉環，其設計是往罐內頂開，不讓拉環與罐身分離，因而改善了上述的缺點。

二、航太鋁合金

鋁合金被用在飛機，以及航太器材裏，也算是歷史悠久了，例如：蘇俄米格 -21、29 戰鬥機的機身就包含著一種由鋁 - 鈧合金製成的配件，太空梭的超輕量級外部燃料箱是使用鋁 - 鋰合金、太空梭的標準重量級外部燃料箱則是採用鋁 - 銅合金。

三、航海鋁合金

鋁中摻入少量矽、鐵、銅、錳、鎂、鉻與鋅所製成的合金，常被用於造船業、海運業，以及含鹽水成分較高的海岸地區。

　　調整航海鋁合金內，少量元素的含量比例，再摻進些許的鈦，可鑄造成另一種航海鋁合金，用於低溫物理學的應用與測試上。它被設計成在 -165℃ 低溫的狀態下操作，不會顯露出延性 - 脆性轉變的現象。所以此類鋁合金，非常適合用在海洋船舶、水下航行器、潛水艇等主體結構的材料上。

四、手機、電腦用的鋁合金

　　鋁鎂合金是一種在鋁合金中加入鎂的合金，其優點是質量輕，跟塑膠很相近，且具有與鋼一般的強度和硬度。由於它還擁有良好的熱傳導能力，所以常用在需要散熱的電子器材上，由於螢幕的尺寸逐年增大，因此機殼的材質，也必須夠牢固才管用。例如：手機、筆記型電腦、平板電腦等，採用鋁鎂合金，作為支撐液晶螢幕周邊的框架，以及手機、電腦背面殼體的材料。

五、特殊用途的鋁合金

　　Titanal 合金是奧地利鋁金屬公司生產的一項產品，包含有鋅、鎂、銅與鋯所製成的高密度鋁合金，它與同等材料的鋼相比，在強度相同時，重量只有鋼材的三分之一。由於產品輕量化，使它擁有比傳統合金還要多的優點。而被用來製造一些特殊需求，或是需長時間暴露在惡劣天氣下的物品，並被廣泛應用在運動器材上，例如：高性能體育用品、登山杖、滑雪杖等。

六、y 合金

　　y 合金的成分是 4.0% 的銅、2.0% 的鎳、1.5% 的鎂，其餘皆為鋁，它用於航太和發動機的活塞，其功能是可在高溫下，仍保持住材質的強度。

1. 有關易開罐鋁合金的敘述，何者錯誤？

   (A) 鋁合金為混合物
   (B) 鋁合金裡面全是金屬元素
   (C) 易開罐鋁合金比純鋁的硬度大
   (D) 易開罐鋁合金的熔點比純鋁低
   (E) 鋁合金可以導電

2. 鈧是稀土元素裏的一種元素。所謂稀土元素是元素週期表第 3 族裏部分的元素，鈧、釔和鑭系元素，共 17 種化學元素的合稱。常使用微量，摻入材料中，形成具有特殊功能的材質，下列敘述何者錯誤？

   (A) 鈧的原子序為 21
   (B) 釔的原子序為 39
   (C) 稀土元素都是過渡金屬元素
   (D) 鈧是位於週期表第三週期的元素
   (E) 鑭系元素原子的電子排布可達第 6 層即 P 層

3. 太空梭的超輕量級外部燃料箱是使用鋁 - 鋰合金，下列敘述何者正確？

   (A) 鋁、鋰都是輕金屬並且鋰比鋁還輕
   (B) 鋁 - 鋰合金的化學活性比鋰大
   (C) 鋁 - 鋰合金的密度比鋰小
   (D) 鋁 - 鋰合金為絕緣體
   (E) 鋁、鋰兩種金屬分別遇到冷水都會產生氫

4. 太空梭的標準重量級外部燃料箱則是採用鋁 - 銅合金，下列敘述何者正確？

(A) 鋁 - 銅合金比鋁還輕

(B) 鋁 - 銅合金的化學活性比鋁大

(C) 鋁 - 銅合金的密度比銅小

(D) 鋁 - 銅合金的導電性比鋁還好

(E) 鋁 - 銅合金的導熱性比銅還好

5. 手機、電腦的機殼材質是採用鋁 - 鎂合金，輕量化，有質感，易散熱等，是其特色，下列敘述何者正確？

(A) 鋁、鎂都是輕金屬並且鎂比鋁還輕

(B) 鋁 - 鎂合金的化學活性比鎂大

(C) 鋁 - 鎂合金的密度比鎂小

(D) 鋁 - 鎂合金的導電性比鋁還好

(E) 鋁 - 鎂合金的導熱性比鋁還好

6. 高密度鋁合金中的鋯，與鈦同為第 4 族，在週期表上，鋯在鈦的下一週期，下列敘述何者錯誤？

(A) 鈦的原子序為 22

(B) 鋯的原子序為 40

(C) 原子半徑鋯 $r_{Zr} > r_{Ti}$

(D) 鈦為過渡金屬元素

(E) 鋯為內過渡金屬元素

7. y 合金的成分是 4.0% 的銅、2.0% 的鎳、1.5% 的鎂，其餘皆為鋁，可耐高溫，有關銅、鎳、鎂、鋁、的一些性質如表所示，下列敘述何者錯誤？（$1pm = 10^{-12}m$）

元素名稱	原子序	熔點	密度	硬度	原子半徑
銅	29	1085℃	8.920	3.0	145pm
鎳	28	1455℃	8.908	4.0	149pm
鎂	12	650℃	1.738	2.5	145pm
鋁	13	660℃	2.7	2.7	118pm

(A) 原子量大小比：鎂＜鋁＜鎳＜銅

(B) 熔點高低比：鎂＜鋁＜銅＜鎳

(C) 鋁原子比鎂原子小，鎳原子比銅原子大

(D) 位於週期表的族數比：鎂（第 2 族）＜鋁（第 3 族）＜鎳（第 10 族）
　　＜銅（第 11 族）

(E) 硬度大小比：鎂＜鋁＜銅＜鎳

8. 有關合金的敘述，下列何者錯誤？

(A) 合金中至少有一成分是金屬元素

(B) 合金在常溫常壓下一定是固體

(C) 合金的熔點一般比組成成分的金屬低

(D) 合金中可以摻入非金屬元素

(E) 合金的硬度一般比組成成分的金屬高

9. iPhone 3G 中所附的 SIM 卡取卡工具是使用「液態金屬」英文 liquidmetal 所製，它恰似玻璃在常溫常壓下為過冷的液體，然而外觀卻像固體，這樣的物質也被稱為金屬玻璃，「液態金屬」則是一個商品名，為數種鋯合金。下列敘述何者錯誤？

(A) 「液態金屬」與玻璃都是混合物

(B) 「液態金屬」內有金屬鍵

(C) 玻璃內有共價鍵

(D) 「液態金屬」與玻璃熔點都非定值

(E) 「液態金屬」與玻璃一樣容易破碎

10. 液態金屬中一種鋯合金的商品名為 Vitreloy 105，或稱 Vit105，其所含成分莫耳百分比為：鋯 Zr: 52.5 鈦 Ti: 5 銅 Cu: 17.9 鎳 Ni: 14.6 鋁 Al:10，下列敘述何者錯誤？

(A) 只有鋁是主族元素，鋯、鈦、銅、鎳屬於過渡元素

(B) 原子序的大小比：鋁＜鈦＜鎳＜銅＜鋯

(C) 鋯、鈦、銅、鎳、鋁都可釋出電子形成陽離子

(D) 鈦、銅、鎳都位於週期表的第四週期

(E) Vit105 的鋯合金不具有延展性也不易導電

答：1.(B)　2.(D)　3.(A)　4.(C)　5.(A)　6.(E)　7.(D)　8.(B)　9.(E)　10.(E)

化學新思維

CO 是很普通的分子，對嗎？由於 O 的電負度比 C 大，因此 C 的氧化數是 +2。不過奇怪的是，在化合成配位共價鍵時，CO 都是用 C 與金屬鍵結，而不是用 O 與金屬鍵結的。

為什麼 CO 會變得如此特殊呢？因為價電子為滿足八隅體結構，所以 CO 的共價鍵結是參鍵，其中 C 與 O 平分鍵結電子對後，導致 C 的形式電荷是 −1 啦！

第六單元

有機化合物——
食品、藥品與材料

應考必備
觀念

主題15　麥克筆

　　麥克筆又名記號筆，海報製作、標語書寫、宣傳繪畫、賣場廣告、刻字標記、藝術創作…等；想要快速地表達設計，與構思的手繪工具時，大都會使用到麥克筆。

　　1. 依「溶劑」不同，可分為水性、油性與醇類三種。

　　油性麥克筆的溶劑為甲苯和二甲苯，氣味濃厚，快乾、耐水、而且耐光性相當好，顏色可多次疊加，不傷紙，色調柔和。

　　水性麥克筆的顏色亮麗，有透明感，顏色多次疊加後，會變成灰色，容易損傷紙面。但是用沾水的筆，在上面塗抹的話，效果跟水彩類似，不過有些水性麥克筆，寫出的色彩乾掉後，卻能耐水。

　　醇類麥克筆的溶劑是含羥基的有機溶劑，例如：1- 丙醇、1- 丁醇、二丙酮醇、甲酚等，氣味淡、毒性低，能在光滑的表面上書寫，具有快乾、防水、環保等特性。

　　2. 依「使用」區分，則大致分為永久、螢光、非永久、安全與選舉等五種類型。

　　永久型麥克筆可在玻璃、塑膠、金屬、木材、石頭等表面書寫與繪畫，持續多年而不褪色；然而大力刷洗或用丙酮則可溶洗掉。

　　螢光型麥克筆即螢光筆，用來突顯其覆蓋下的文字與圖表等，但仍看得見閱讀的內容。

　　非永久型麥克筆也稱為白板筆，可用乾抹布擦拭乾淨，即寫即擦，易於清理；它可用在光滑，無孔隙的表面，例如：投影機、白板、黑板、鏡面、塑膠、陶瓷、玻璃窗上，所用油墨不含有毒化學成分。另外，也有用水、樹脂、鈦白粉與顏料等，調製成墨水的麥克筆；它在使用過後，可用濕抹布擦拭乾淨。

　　安全型麥克筆為填充特別「安全」的螢光墨水，那是一種看不見的油墨，用來標記貴重物品。若是不幸遭竊，可在物品失而復得時，照射紫外光，即可立刻辨識出原先書寫的標記。

　　選舉型麥克筆所用油墨是選舉時用來蓋手戳，以防止雙重投票，避免選舉舞弊；或是進出遊樂場所，蓋在皮膚表面，證明已購票的一種油墨。它是用難以去除的染料或感光劑，例如：硝酸銀，作為油墨，通常印記停留在皮膚上一段時間後，最多一、兩個星期，墨色就會自動褪去，消失不見。

應考能力
檢測

1. 永久型麥克筆可在玻璃、塑膠、金屬、木材、石頭等表面書寫與繪畫，有關這五種物質的組成，以及原子鍵結的敘述，何者錯誤？

   (A) 玻璃含有 Si、O 時為共價鍵

   (B) 塑膠含有 C 和 H 時為共價鍵

   (C) 金屬含有 Zn、Cu 時為金屬鍵

   (D) 木材含有 C、H 和 O 時為共價鍵和離子鍵

   (E) 石頭含有 Mg 和 O 時為離子鍵

2. 油性麥克筆的溶劑為甲苯 $C_6H_5(CH_3)$ 和二甲苯 $C_6H_4(CH_3)_2$，有關這兩化合物的敘述，何者正確？

   (A) 都是芳香烴類　　(B) C 和 H 的比例都相等　　(C) 為同分異構物
   (D) 原子間的鍵結全都是單鍵　　(E) 都只有一種結構式

3. 醇類麥克筆中的一種溶劑甲酚，可用作消毒防腐劑，它的殺菌能力比苯酚強三倍，毒性幾乎相等，故治療指數更高。根據甲基和羥基相對取代位置的不同，下列五種同分異構物，哪三者為甲酚？

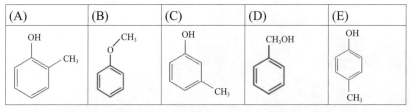

(A)	(B)	(C)	(D)	(E)

4. 丙酮 CH_3COCH_3 是用作卸除指甲油的去光水，以及油漆的稀釋劑，也能溶洗掉麥克筆的油墨。下列有關它性質的敘述，何者錯誤？

(A) 不溶於水

(B) 可溶於汽油

(C) 為分子化合物

(D) 原子間的鍵結為共價鍵

(E) C、O 原子間的鍵結為雙鍵

5. 可用濕抹布擦拭乾淨的麥克筆墨水裏所含的鈦白粉，下列敘述何者正確。

(A) 鈦白粉為有機化合物

(B) 鈦白粉可溶於汽油

(C) 鈦白粉為分子化合物

(D) 鈦白粉為氧化物

(E) 鈦白粉為澱粉類的食物

6. 麥克筆畫錯時，可用立可白（內含二氧化鈦）塗去，也可用粉筆（內含硫酸鈣）塗掉，下列敘述哪兩項有錯誤的。

(A) 二氧化鈦，硫酸鈣都是離子化合物

(B) 二氧化鈦簡式 TiO_2，硫酸鈣分子式 $CaSO_4$

(C) 二氧化鈦，硫酸鈣都是白色固體

(D) 二氧化鈦，硫酸鈣都沒有毒性

(E) 二氧化鈦與硫酸鈣的原子間皆有離子鍵、共價鍵與金屬鍵

7. 安全型麥克筆中填充特別「安全」的隱形螢光墨水，照到紫外光後，會放射出何種光波，供人辨識標記。

(A) 無線電波　　(B) 微波　　(C) 可見光波　　(D) 紅外光波　　(E) 紫外光波

8. 硝酸銀作為選舉型麥克筆所用油墨，下列有關硝酸銀的敘述何者正確。

(A) 化學式是 Ag_2NO_3

(B) 為離子化合物

(C) 所含元素重量百分比最高的是 O

(D) 為黑色固體

(E) 可燃燒成氣體

9. 用含硝酸銀的麥克筆，塗在皮膚上後，會逐漸呈現出黑色的原因為何？

(A) 硝酸銀分解出的硝酸腐蝕皮膚的結果

(B) 硝酸銀氧化出的氮氣與蛋白質作用的結果

(C) 硝酸銀還原出的氧氣與血紅素結合的現象

(D) 硝酸銀裡的銀離子還原成銀微粒子的顏色

(E) 硝酸銀與皮膚共價鍵結所呈現出的反應

10. 水為極性分子，油為非極性分子，物質為同類互溶，下列有關醇類麥克筆的溶劑敘述何者錯誤？

(A) 溶劑分子皆具有親油基與親水基的部分

(B) 醇類分子都是有機化合物

(C) 原子間的鍵結都是共價鍵

(D) 溶劑分子皆可作為燃料

(E) 溶劑分子皆可與水和油任意比例互溶

答：1.(D)　2.(A)　3.(A)(C)(E)　4.(A)　5.(D)　6.(B)(E)　7.(C)　8.(B)　9.(D)　10.(E)

主題16　瘦肉精、嫩精、塑化劑

一、瘦肉精

　　在台灣，不時會聽到有關瘦肉精的新聞報導。什麼是瘦肉精？吃了真的會讓人變瘦嗎？

　　據報導瘦肉精又稱瘦體素，是用來幫助牛、豬等家畜，多長瘦肉，少長肥肉的用藥。由於牛、豬吃了瘦肉精後，看起來健美而不癡肥，所以瘦肉精俗稱「健健美」。

　　號稱瘦肉精的藥物有多種，其中萊克多巴胺的研製，當初是想治療氣喘病，卻因療效不佳，而停止臨床用藥，後來發現它具有促進牲畜成長、提高瘦肉率以及減少肥油的功效。所以添加在豬、牛的飼料裏。用於豬飼料的商品名叫做「培林」，添加在牛飼料的商品則稱為「歐多福斯」。

　　萊克多巴胺在 1999 年 12 月被美國食品與藥品管理局批准，可以使用在豬、牛與火雞的豢養上，並訂定它的最高殘留量，限制在 50 ppb 以下。不過，在歐盟，台灣和中國大陸，它是被禁止使用的。

　　另一種叫做克倫特羅的瘦肉精，原是治療馬與牛氣喘的藥，卻意外發現它也能使牲畜，生長成富含瘦肉的「可口豬」與「健美牛」。但是全球卻沒有任何正規機構，敢批准它作為飼料的添加劑，原因是它會累積在動物體內，造成食用該動物的肉後，會殘留有克倫特羅在人體內，可能有危害健康的疑慮。

克倫特羅能增加有氧呼吸的能力、刺激中樞神經系統、加強血壓和氧氣的運送。並具有提高體重，增強肌肉，和減少體脂肪的功效。因此在運動競賽中，它被列為不能服用的禁藥。2010 年環法自行車賽，西班牙選手孔達多爾被驗出其檢體裏含有克倫特羅，濃度為每毫升 50 皮克也就是 $5 \times 10^{-11} g \cdot mL^{-1}$，他表示這是因為吃了含克倫特羅的食品所致。不過他還是因而遭受到體育仲裁法庭，宣判禁賽兩年的懲罰。

克倫特羅的藥品名為 Spiropent 和 Ventipulmin，中文名為鹽酸雙氯醇胺，胺哮素，克喘素，胺雙氯喘，用於防治支氣管哮喘以及哮喘型慢性支氣管炎、肺氣腫等呼吸系統疾病所致的支氣管痙攣。一些國家批准經由處方，可對哮喘患者，作為使支氣管擴張的試劑。雖然最近，這種藥物已公佈其為標示外使用（off-label use）的減肥藥，儘管缺乏足夠臨床試驗的支持，卻也沒有否定的論證。

應考能力
檢測

1. 下列哪一項是萊克多巴胺的化學式與分子量？（C = 12、N = 14、O = 16）

   (A) $C_{16}H_{19}NO_3$，273
   (B) $C_{17}H_{21}NO_3$，287
   (C) $C_{18}H_{23}NO_3$，301
   (D) $C_{19}H_{25}NO_3$，315
   (E) $C_{20}H_{27}NO_3$，329

2. 有關萊克多巴胺結構式的敘述，下列何者正確？

   (A) 一個分子含 1 個羥基
   (B) 它是一種多烯類化合物
   (C) 一個分子含 2 個苯環
   (D) 它是一種一級胺分子
   (E) 它是一種胺基酸分子

3. 下列哪一項是克倫特羅的化學式與分子量？（C = 12、N = 14、O = 16）

   (A) $C_9H_{18}Cl_2N_2O$，241
   (B) $C_{10}H_{15}Cl_2N_2O$，250
   (C) $C_{12}H_{13}Cl_2N_2O$，272
   (D) $C_{12}H_{18}Cl_2N_2O$，277
   (E) $C_{13}H_{20}Cl_2N_2O$，291

4. 有關克倫特羅結構式的敘述，下列何者錯誤？

   (A) 一個分子含 2 個氯原子
   (B) 分子含一級胺及二級胺

(C) 一個分子含 1 個苯環

(D) 一個分子含 1 個羥基

(E) 一個分子含 1 個醯胺鍵

5. 美國訂定萊克多巴胺在豬、牛與火雞肉裏的最高殘留量，限制在 50 ppb 以下（1ppb = 1×10^{-9}）相當於多少 ppm？

(A) 5×10^{-5} (B) 5×10^{-2} (C) 50   (D) 500   (E) 50000

6. 克倫特羅濃度為每毫升 50 皮克也就是 5×10^{-11}g · mL^{-1}，由此可知 1 皮克相當於多少公克？

(A) 1×10^{-6} (B) 1×10^{-9} (C) 1×10^{-12} (D) 1×10^{-15}

(E) 1×10^{-18}

答：1.(C)　2.(C)　3.(D)　4.(E)　5.(B)　6.(C)

二、嫩精

　　嫩化肉的方法有數種，其中一種就是加入嫩精。市售的嫩精又名鬆肉粉或嫩肉粉。其主要作用在於利用蛋白酶對肌肉和筋腱內較堅硬的纖維組織，進行部分水解，使烹飪出的肉質，口感嫩而不韌；避免發生咬不動，嚼不爛的情形，藉以增進消化與吸收的能力。由於嫩精嫩化肉的速度快，效果明顯，所以廣泛用於餐飲業。

　　嫩精可萃取自木瓜、菠蘿、奇異果等水果。其中用得最普遍的是萃取自木瓜的木瓜蛋白酶，簡稱木瓜酶、木瓜酵素或木瓜粉。它是存在於木瓜果實中的一種半胱胺酸蛋白酶，能剪切肽鍵，其結構的前驅蛋白（precursor protein）是由 345 個胺基酸殘基組成，並含有 3 對雙硫鍵。它的應用很廣，舉凡醫藥、食品、美容化妝品、清潔劑、飼料、皮革、細胞培養、免疫學等，都用得上。

應考能力
檢測

1. 嫩精的主要成分是蛋白酶，下列有關酶的敘述何者錯誤？

(A) 木瓜蛋白酶可自化工廠大量合成、製造與生產

(B) 加酶洗衣粉可分解蛋白質和脂肪，除去衣物上的污垢和油漬

(C) 酶的催化活性可受其他分子的影響

(D) 酶的活性受到溫度、pH 值、微波等因素所影響

(E) 藥廠用特定的合成酶來合成抗生素

2. 蛋白酶是生物體內的一類酵素，它們能夠分解蛋白質，下列有關酶的敘述，哪兩項是錯誤的？

(A) 分解方法是打斷那些將胺基酸連結成多肽鏈的肽鍵

(B) 酶全都屬於蛋白質的結構

(C) 嗜熱菌中的酶在高溫條件下反而具有較高活性

(D) 酶只能在活體內才能發揮作用

(E) 嗜酸菌中的酶偏好低 pH 值條件

3. 輔酶 Q_{10} 是一種自然存在的脂溶性醌類化合物，能預防動脈硬化，經常被用作健康食品。它的分子式是 $C_{59}H_{90}O_4$ 分子量是 862，其結構為：

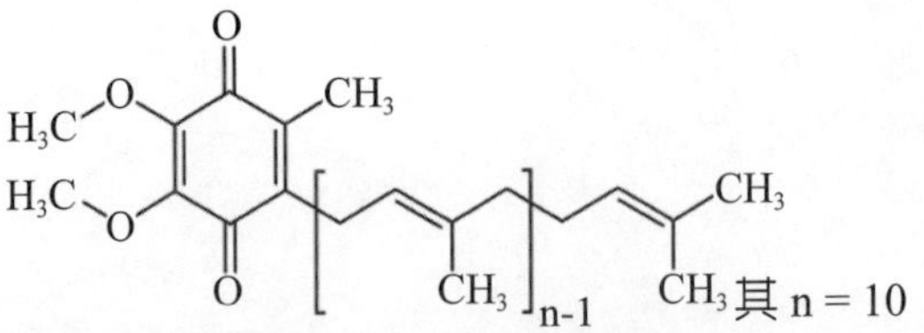

輔酶 Q 分子中含有一個由多個異戊二烯單位組成的側鏈，它的長度根據輔酶的來源而有不同，一般含有 n = 6 ～ 10 個異戊二烯單位。對於哺乳動物 n = 10，因此又稱輔酶 Q_{10}。

下列敘述何者錯誤？（$C = 12$、$O = 16$）

(A) 異戊二烯的結構式是 分子式是 C_5H_8 分子量是 68

(B) Q_{10} 拆掉一個異戊二烯即成 Q_9，Q_9 的分子式是 $C_{54}H_{84}O_4$ 分子量是 796

(C) Q_{10} 拆掉四個異戊二烯即成 Q_6，Q_6 分子式是 $C_{39}H_{58}O_4$ 分子量是 590

(D) Q_6 尾端多聯結一個異戊二烯即成 Q_7，Q_7 的分子式是 $C_{44}H_{66}O_4$ 分子量是 658

(E) 因為輔酶 Q 分子中至少含有一個或多個烯，所以可作為抗氧化劑

4. 若人體內的苯丙胺酸羥化酶，發生突變，會得到苯丙酮尿症，患者將無法把食物中的苯丙胺酸，轉化成為酪胺酸，從而影響患者的大腦發育。由於阿斯巴甜含有苯丙胺酸的結構，所以含有這種甜味劑的零熱量飲料、維他命錠或無糖口香糖等，皆不適宜苯丙酮尿症患者飲用或嚼食。以下為苯丙胺酸與阿斯巴甜的結構式：

苯丙胺酸　　　　　　　阿斯巴甜

下列敘述何者錯誤？（$C = 12$、$N = 14$、$O = 16$）

(A) 苯丙胺酸的分子式是 $C_9H_{11}NO_2$ 分子量是 165

(B) 阿斯巴甜的分子式是 $C_{14}H_{18}N_2O_5$ 分子量是 294

(C) 苯丙胺酸會與甲醇酯化成苯丙胺酸甲酯

(D) 苯丙胺酸具有 1 個醯胺鍵、阿斯巴甜分子具有 2 個醯胺鍵

(E) 苯丙胺酸具有 1 個羧基、阿斯巴甜分子也只有 1 個羧基

5. 木瓜酵素能剪切肽鍵，使蛋白質分解成多個肽。例如：穀胱甘肽，它是動物細胞中的一種重要抗氧化劑，有美白淡斑的功效，常添加入護膚或潔膚品裡，或製成營養錠出售。其結構式為：

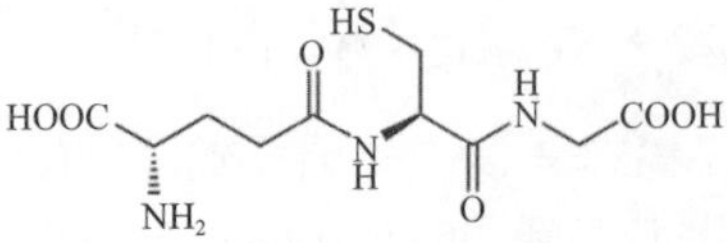

下列敘述何者錯誤？（C = 12、N = 14、O = 16、S = 32）

(A) 它是一種三肽分子

(B) 包含 3 個醯胺鍵

(C) 分子式為 $C_{10}H_{17}N_3O_6S$

(D) 分子量為 307

(E) 包含 1 個硫醇

6. 木瓜酵素含有 3 對雙硫鍵，它是一種半胱胺酸蛋白酶；兩個半胱胺酸以雙硫鍵鍵結，即成胱胺酸。半胱胺酸與胱胺酸的結構式分別為：

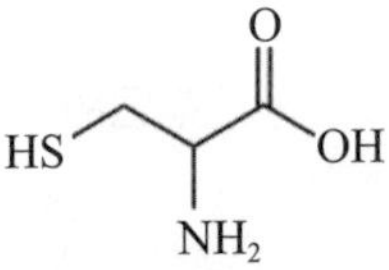

半胱胺酸 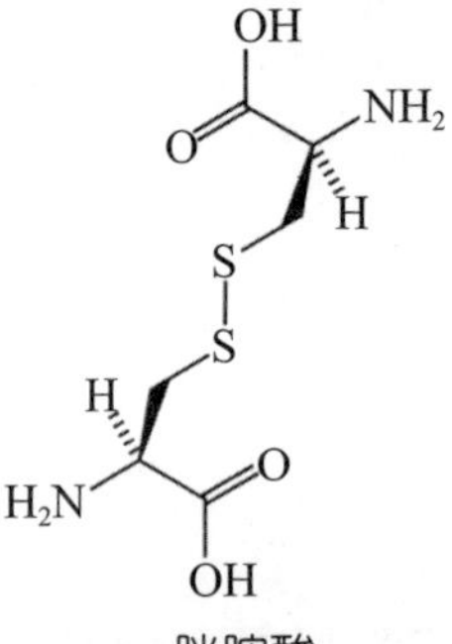　　　　　　　　　　胱胺酸

下列敘述，哪兩項是錯誤的？（C = 12、N = 14、O = 16、S = 32）

(A) 半胱胺酸的分子式是 $C_3H_7NO_2S$ 分子量是 121

(B) 胱胺酸的一半是半胱胺酸，因此胱胺酸的分子式是 $C_6H_{14}N_2O_4S_2$ 分子量是 242

(C) 添加還原劑並打斷胱胺酸的雙硫鍵，再分別接上氫原子即可得雙倍分子的半胱胺酸

(D) 胱胺酸是由兩個半胱胺酸鍵結而成的二肽

(E) 一個胱胺酸分子含 2 個羧基、2 個胺基、1 個雙硫鍵結

7. 有一多肽的結構為：

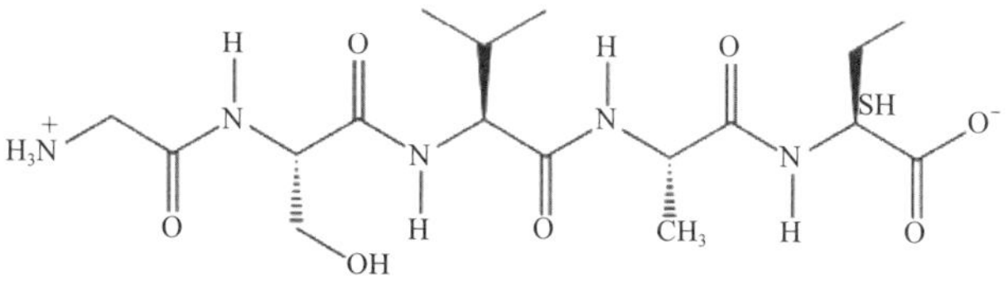

下列敘述何者錯誤？

(A) 共有 4 個醯胺鍵

(B) 可水解成 4 種胺基酸

(C) 需吸收能量才能打斷醯胺鍵

(D) 醯胺鍵上的氧與氫，一定在 C-N 連線的不同邊

(E) 此一多肽的結構含 1 個醇、1 個硫醇

答：1.(A)　2.(B)(D)　3.(B)　4.(D)　5.(B)　6.(B)(D)　7.(B)

三、塑化劑

2011 年 3 月行政院衛生署食品藥物管理局一位勇敢、盡職、彷如鄰家的媽媽，楊明玉技正，在執行食品檢測時，意外發現可疑異常的訊號，並運用下班時間不斷地追、追、追，赫然發現塑化劑出現在食品裏，就此啓動了台灣塑化劑的大風暴。

塑化劑是一種增加材料柔軟性或是材料液化的添加劑。其添加的物件包含：塑膠、混凝土、水泥與石膏等，因此，根本不該存在食品裏；然而，卻有多家知名廠商，販售的食品，全都含有塑化劑。所以，事件如滾雪球般的愈滾愈大，終於引發軒然大波。

塑化劑有好幾種，其中使用最廣，產量最多的塑化劑是鄰苯二甲酸二（2- 乙基己基）酯，也就是新聞報導常說的 DEHP，其結構式為：

DEHP 是無色、無臭的黏稠液體，溶於油中，但不溶於水；用於作為許多樹脂和彈性體的增塑劑。世界衛生組織指出鄰苯二甲酸二酯類，進入人體和動物體內，會有類似雌激素的作用，干擾內分泌，是一種潛在的內分泌干擾物。長期暴露在 DEHP 的環境下，將會有罹患癌症的風險，更可怕的是在體內累積多了，可能會出現女性化性徵的困擾，以及從孕婦血液中若測得 DEHP 的代謝物，則發現其所新生出的男嬰，陰莖寬度窄，肛門生殖器距離較短，與睪丸的下降不完全等狀況。

應考能力
檢測

1. 塑化劑中鄰苯二甲酸二（2-乙基己基）酯的製造法，是用鄰苯二甲酸酐與 2-乙基己基醇反應，其方程式為：$C_6H_4(CO)_2O + 2\ C_8H_{17}OH \rightarrow C_6H_4(COOC_8H_{17})_2 + H_2O$ 下列敘述何者錯誤？（$C = 12$、$O = 16$）

   (A) 鄰苯二甲酸酐分子式是 $C_8H_4O_3$ 分子量是 148

   (B) 2-乙基己基醇分子式是 $C_8H_{18}O$ 分子量是 130

   (C) 鄰苯二甲酸二（2-乙基己基）酯分子式是 $C_{24}H_{38}O_4$ 分子量是 390

   (D) 鄰苯二甲酸酐與 2-乙基己基醇比較，單一分子的碳數相等，但含碳量則較低

   (E) 等質量 2-乙基己基醇與鄰苯二甲酸二（2-乙基己基）酯的分子數比為 2：1

2. DEHP 在全球的年產量約三百萬公噸，相當於約 7.7×10^9 莫耳的數量，則消耗原料鄰苯二甲酸酐約多少公噸？

   (A) 1.14×10^4 (B) 2.28×10^5 (C) 1.14×10^6 (D) 2.28×10^6

   (E) 1.14×10^7 公噸

3. 承接上題， 在全球每年所製造出的 DEHP，對環境的污染，約產生多少公噸的工業廢水？

   (A) 6.93×10^4 (B) 1.39×10^5 (C) 2.08×10^6 (D) 2.31×10^7

   (E) 3.85×10^7 公噸

4. 園丁鞋是市面上流行的一種塑膠材質鞋款，又稱作布希鞋、洞洞鞋等，因其材質柔軟、透氣、重量輕盈，且標榜防水功能，逛街、休閒、戲水都很適合。而據報導「若跟著流行走，卻踩著危機走」，園丁鞋逾 4 成塑化劑含量超標。按照法規的規定：以正庚烷為溶劑，在 25℃ 浸泡 1 小

時檢測物，所釋出 DEHP 的溶出量不得超過 1.0ppm，現剛購買一雙布希鞋，經檢驗結果發現，含 DEHP 約 0.000039%，相當於多少 ppm？是否超標？

(A) 0.1ppm、很微量並未超標　　(B) 0.39 ppm、未超標

(C) 1ppm、正達標準　　(D) 3.9ppm、已超標　　(E) 39ppm、過量超標

5. 2011 年 5 月塑化劑危機時，台灣多種品牌的飲料包裝，被抽驗出含有塑化劑，而且 DEHP 都超過規定試驗溶出量 1.5ppm 以上，包括海洋深層水、運動速燃飲料、檸檬酵素沖泡飲品、動能運動飲料等，大廠商出產的飲料，因此全部緊急自商店的貨架上撤下。現取一瓶 500 毫升的飲料，經檢驗結果發現，含 DEHP 約 0.078 毫克，相當於多少 ppm？是否超標？

(A) 0.078ppm、很微量並未超標　　(B) 0.156 ppm、未超標

(C) 0.78ppm、未超標　　(D) 1.56ppm、已超標　　(E) 78ppm、過量超標

6. 美國國家環境保護局（簡稱 EPA）規定飲用水中的 DEHP 是 6 ppb（$1ppb = 1 \times 10^{-9}$），有一貨櫃每瓶 500 毫升的礦泉水，自台灣銷往美國，於海關被抽驗出每瓶含 DEHP 約 0.45 微克（1 微克 = 1×10^{-6} 克），則此批礦泉水中的 DEHP 相當於多少 ppm？是否能順利進入美國銷售？

(A) 9×10^{-4}ppm、未超標能進入美國銷售

(B) 4.5×10^{-3}ppm、未超標能進入美國銷售

(C) 9×10^{-3}ppm、已超標不能進入美國銷售

(D) 4.5×10^{-2}ppm、過量超標、需重製

(E) 9×10^{-2}ppm、過量超標、需重製

答：1.(E)　2.(C)　3.(B)　4.(B)　5.(B)　6.(A)

應考必備
觀念

主題17　液態OK繃

　　液體 OK 繃或稱為液體繃帶，它是一種透明、膠狀的液體，聞起來像是吹太空泡泡的味道；可以直接擠出來，塗敷在傷口上使用；或是用小刷子，像擦指甲油般，輕輕地塗布在傷口上。它適用的範圍很廣，一般小切傷、擦傷、指溝乾裂、皮膚龜裂等，都可使用。剛抹上去的瞬間，由於含有機溶劑，例如：苯甲醇、蓖麻油、乙酸乙酯、乙酸正丁酯等，而會有刺痛感。當溶劑揮發後，馬上形成一層薄薄透明的膠膜，緊貼在皮膚上，保護傷口，避免細菌侵入，並隔絕髒物的污染。

　　早在古代，人們從經驗當中，發現可用蜂蜜、高梁發酵的糖漿、或樹汁等塗敷傷口，保護傷口避免惡化。直到 1966 年，美國與越南戰爭時，液態 OK 繃方始展露雛型，把氰基丙烯酸酯其商品名為「超級膠（Super Glue）」或「瘋狂膠（Crazy Glue）」塗敷在士兵的傷口上，幫助士兵在戰爭中，還未進一步獲得妥善的醫療照料前，儘速處理戰傷，以延緩出血。

　　當傷口塗抹超級膠後，其主成分會附著在皮膚表面，而其中的溶劑如丙酮、硝基甲烷、二甲基亞碸與二氯甲烷，揮發掉後即會形成一層薄膜，將傷口與外界隔絕，防止傷口污染。這樣可以保護傷口，防止灰塵和細菌的入侵，並保持皮下組織中的水分，避免蒸散掉。

　　液體 OK 繃早在市面流通許久，各大藥局都可找到好幾個品牌。其主成分大都是硝化纖維素。更新一代的多用途液體絆創膏，也同時增添抗生素、止痛藥等，甚至加入凝血因子以幫助止血。它也有一些禁忌症，基本

上不建議用在臉部、眼睛周遭及黏膜、或大範圍的傷口；而化膿、接觸性皮膚炎、或大量出血的部位；刮鬍鬚或除毛後的傷口，也不適用。而兒童更不應長期大面積使用，另要注意是否對其附加成分過敏，如樟腦、苯甲醇或三氯碳醯苯胺等。

化學新思維

藥用高分子材料需具備哪種功能，才會讓人想要買來使用呢？起碼要能保護傷口，使含在裡面的藥物，可以緩慢的釋出，達到療效，並且在使用時與復原後，都能保持外觀的美麗吧！

應考能力
檢測

1. 下列為液體 OK 繃裏，一種有機溶劑的結構式：

   何者為它的分子式？

   (A) $C_3H_6O_2$ 丙酸　　　(B) $C_3H_6O_2$ 甲酸乙酯　　　(C) $C_5H_{10}O_2$ 乙酸正丙酯
   (D) $C_4H_8O_2$ 乙酸乙酯　　　(E) $C_2H_4O_2$ 甲酸甲酯

2. 下列為液體 OK 繃裏的兩種有機溶劑，它們的結構式為：

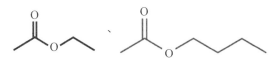

   此兩分子屬於何類物質？

   (A) 同分異構物　　　(B) 同位素　　　(C) 同素異形體　　　(D) 同形體
   (E) 同為醋酸酯類的分子

3. 下列表格裏的五種有機溶劑，皆能揮發，何者的分子量最小？

名稱	苯甲醇	丙酮	硝基甲烷	二甲基亞碸	二氯甲烷
分子式	$C_6H_5CH_2OH$	$(CH_3)_2CO$	CH_3NO_2	$(CH_3)_2SO$	CH_2Cl_2

   （$C = 12$、$N = 14$、$O = 16$、$S = 32$、$Cl = 35.5$）

   (A) 苯甲醇　　　(B) 丙酮　　　(C) 硝基甲烷　　　(D) 二甲基亞碸
   (E) 二氯甲烷

4. 蓖麻油在常溫下呈淡黃色或透明無色，是一種黏稠狀的液體。食用後會有強烈的通便感，能夠消除腸燥便秘所引起的不舒適感。分子結構為：

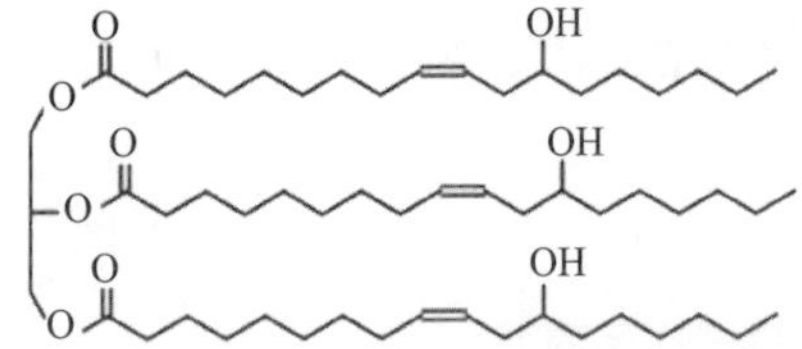

其水解可得蓖麻子油酸。分子結構為：

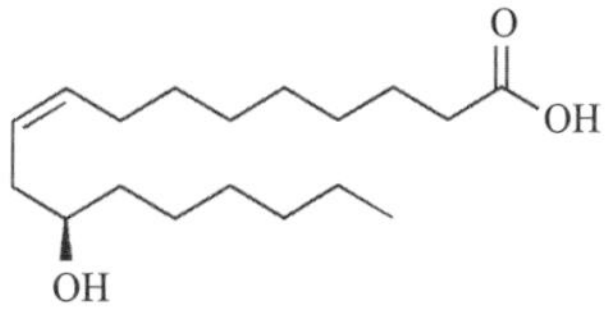

蓖麻油具有抗炎、抗菌的效果，由於它的分子量大，能滲入皮膚達到角質層，因此能治療皮膚疾病，為非處方藥。下列敘述何者錯誤？

(A) 蓖麻油分子結構中的烯都是順式

(B) 蓖麻油水解後可得到丙三醇 $C_3H_8O_3$

(C) 蓖麻子油酸分子式 $C_{18}H_{34}O_3$

(D) 蓖麻油是聚合物

(E) 蓖麻子油酸是分子化合物

5. 在處理傷口的醫療裏，因為 2- 辛基氰基丙烯酸酯是沒有毒性，並且對於皮膚組織的刺激性小，所以可應用在液體繃帶和無縫線手術上，它的結構式為：

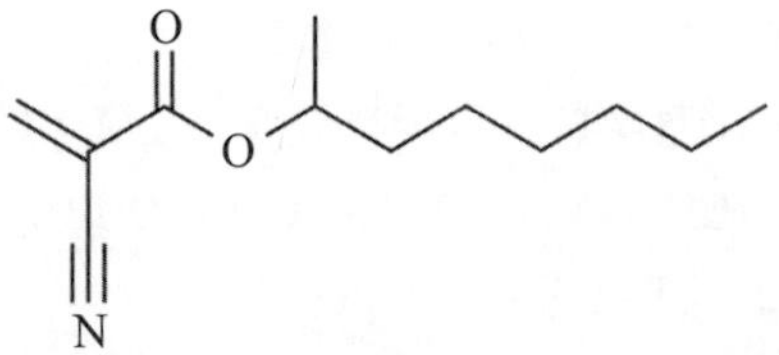

下列敘述何者錯誤？

(A) 分子式 $C_{12}H_{19}NO_2$ (B) 分子量 209   (C) 分子結構中含烯基

(D) 分子結構中含炔基   (E) 它是酯類分子

6. 甲基氰基丙烯酸酯可幫助法醫與警察，捕捉隱藏在玻璃或塑膠表面上的指紋。採取指紋的方法，可將聚甲基氰基丙烯酸酯加熱，聚解產生氣體煙霧，此種氣體會強烈刺激肺部和眼睛。它會與殘留在表面上，看不見的指紋，以及空氣中的水蒸氣，一塊兒作用，又再形成一種白色的聚甲基氰基丙烯酸酯，好讓肉眼可以觀察得到指紋的形象。反應方程式為：

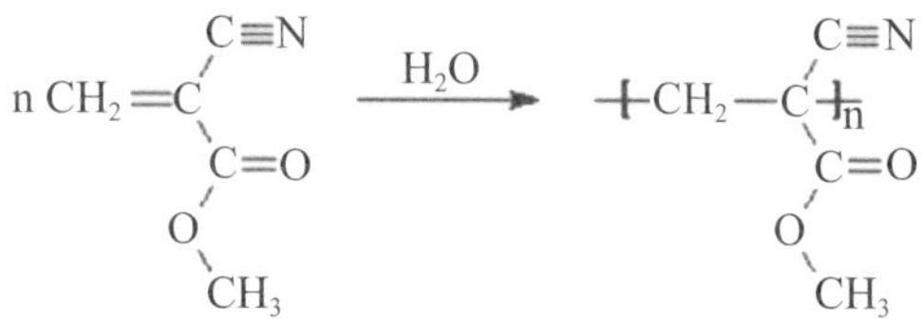

下列敘述何者錯誤？

(A) 聚甲基氰基丙烯酸酯、玻璃、塑膠都是聚合物

(B) 甲基氰基丙烯酸酯、聚甲基氰基丙烯酸酯、塑膠都是有機物

(C) 玻璃是無機物，甲基氰基丙烯酸酯是分子化合物

(D) 甲基氰基丙烯酸酯、聚甲基氰基丙烯酸酯分子內的碳、氫、氮、氧含量約相等

(E) 聚甲基氰基丙烯酸酯、玻璃、塑膠都是混合物

7. 硝化纖維素和樟腦等原料所合成的賽璐珞，可用於製造桌球與吉他撥片等，其結構式分別為：

名稱	硝化纖維素	樟腦
化學式	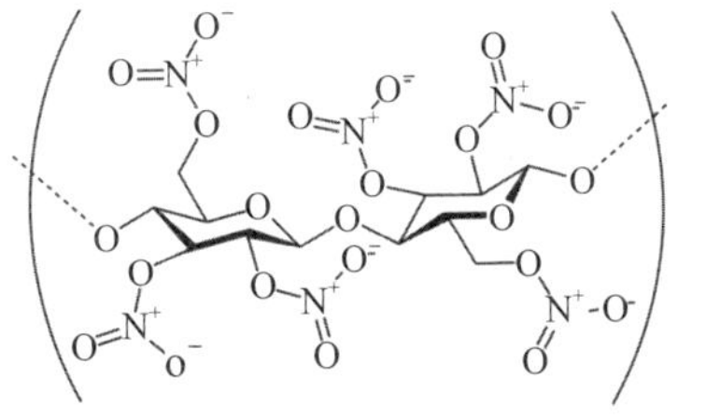	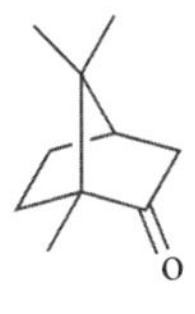
分子式	$[C_6H_7O_2(ONO_2)_3]n$	$C_{10}H_{16}O$

下列有關分子的敘述何者錯誤？

(A) 硝化纖維素含硝基，硝基為—NO_3

(B) 樟腦含有羰基，羰基為 $\diagdown C = O$

(C) 硝化纖維素含醚基結構

(D) 樟腦為酮類化合物

(E) 樟腦的分子量是 152

8. 承接上題，硝化纖維素和樟腦的比較，下列有關分子的敘述何者錯誤？

(A) 等質量的樟腦所含碳氫的比例，比硝化纖維素還高

(B) 硝化纖維素比樟腦易燃燒

(C) 樟腦是有機化合物

(D) 硝化纖維素是無機物的衍生物

(E) 硝化纖維素是聚合物

9. 三氯碳醯苯胺是一種抗菌及抗黴菌劑，可加入肥皂、牙膏、漱口水與除臭劑中，其結構式為：

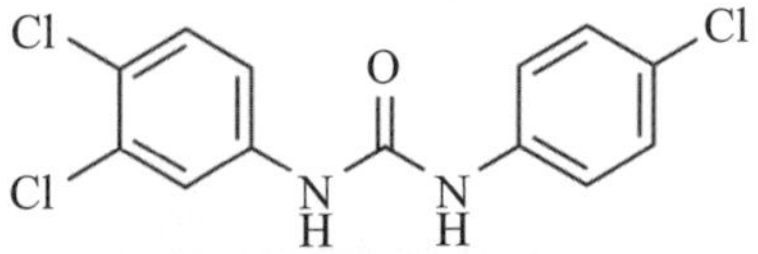

下列有關分子的敘述何者錯誤？

(A) 分子式是 $C_{13}H_9Cl_3N_2O$，實驗式也是 $C_{13}H_9Cl_3N_2O$

(B) 兩個苯上的氯，2 個氯在間位、1 個氯在對位

(C) 含有兩個苯胺的結構

(D) 含有醯胺鍵

(E) 分子間具有氫鍵

答：1.(D)　2.(E)　3.(B)　4.(D)　5.(D)　6.(A)　7.(A)　8.(D)　9.(B)

第七單元

化學與能源——
化石燃料、電化學

主題18　生物燃料、真酒與假酒

一、生物燃料

　　所謂生物燃料就是生產自生物體或其代謝物，例如：稻草、麥梗、稻糠、木材、糞便、廢水和廚餘…等；它是不超過 20 到 30 年的衍生燃料，因此被認為是生物燃料的燃料，需含有 80% 以上的再生材料，有別於石油、煤炭、核能…等傳統燃料，不會日漸耗竭，生物燃料相當於將太陽能，儲存成再生能源。由於植物生生不息，再加上原油價格不時調漲，所以越來越多的國家，鼓勵使用生物燃料，並提供稅賦的優惠。

　　其中所謂的乙醇燃料是生物燃料中的一種，它能通過玉米、大麥、小麥、甘蔗和甜菜等農產品發酵製得，而且具有清潔環保、價格低、可再生等特點。車用乙醇汽油，國外稱汽油醇，商品名 Gasohol，是在汽油中加入無水乙醇，可使汽油辛烷值提高，增加氧的含量，改善汽油燃燒的性能，使燃燒更徹底。惟世界一旦把能源開發的方向，轉向農產品時，農產品最基本的用途將受到挑戰，饑餓的人口也將受到衝擊。有關報導分析：玉米和肉類的價格上漲，導因於乙醇燃料的拓展，對於這種"人、車爭糧"的現象，專家感嘆地說：「世界數億輛的乙醇燃料車與數十億的貧窮人口競爭糧食：車主們讓車子動起來啦！而饑餓、困苦的人們只想吃口飯，活下來而已。」

　　另外，採用人體無法消化的植物部位，運用微生物分解纖維素的方法，製造出乙醇來，較不會降低糧食生產量，同時也可減少新農地的開發與需求，但是以現階段的技術，與生產成本來說，都還是太高了；此外，雖然淪為植物廢棄物，可同樣仍是一種良好且重要的有機肥料，所以即使將纖維素乙醇大量研製，依舊留著環保上的疑慮。

生物燃料

應考能力
檢測

1. 下列何者為可再生燃料？
   (A) 汽油　　(B) 牛糞　　(C) 無煙煤　　(D) 鈾 -235　　(E) 天然氣

2. 澱粉可由稀硫酸加熱或添加酵素作為催化劑，並與下列何種分子反應後，分解成葡萄糖分子？
   (A) CO_2　　(B) H_2　　(C) O_2　　(D) CH_4　　(E) H_2O

3. 乙醇可與空氣中的氧氣，在點火後，發生劇烈燃燒反應，生成水和二氧化碳。寫出上述化學方程式，並以最簡單的整數比，表達整體的係數，並平衡此方程式。

4. 酒精中毒的罪魁禍首通常被認為是喝酒下肚後，在身體裡面酶的作用下，產生有一定毒性的乙醛，判斷此時乙醇是作為何種試劑？
   (A) 氧化劑　　(B) 脫水劑　　(C) 催化劑　　(D) 還原劑　　(E) 鉗合劑

5. 乙醇與甲醚的分子式都是 C_2H_6O，但乙醇的示性式為 C_2H_5OH，甲醚的的示性式為 CH_3OCH_3；若在 100℃、1atm 時，將乙醇與甲醚皆視為理想氣體，下列敘述有哪三項正確？
   (A) 等質量的乙醇與甲醚所含分子數比為 1：1
   (B) 等體積的乙醇與甲醚所含分子數比為 2：1
   (C) 乙醇與甲醚為同分異構物
   (D) 乙醇與甲醚為同素異形體
   (E) 乙醇與甲醚皆可作為燃料

答：1.(B)　2.(E)　3. $C_2H_5OH + 3O_2 \rightarrow 2CO_2 + 3H_2O$　4.(D)　5.(A)(C)(E)

二、真酒與假酒

　　自 1920 年美國基於清教徒的背景，開始執行禁酒令；它的限制只在於酒的製造、販賣與運輸，而在禁酒令頒布之前，就已購買或製造的酒，都可合法供應。所以私釀的酒，逐轉移到地下化經營，因而導致酒的品質差異頗大。

　　有些人在喝了從工業酒精和有毒化學品，製造的私酒後，眼睛瞎掉或腦袋受損；還有些業餘蒸餾愛好者，用老舊的汽車冷卻器，來製造蒸餾酒，但酒裏含鉛量頗高，導致鉛中毒的現象；並且由於非專業的蒸餾，偶爾操作不慎，也會使得蒸餾器爆炸。

　　在當時腦筋動得快的商人，特別推出一種超濃的葡萄汁，並在上面印著警示語「千萬別讓這果汁，照射到陽光，否則它會迅速分解成葡萄酒」。於是，顧客們爭相走告，將買來的葡萄汁，刻意曝曬在陽光下；然後歡樂暢飲，卻茫然大醉。

　　1933 年美國憲法修正案通過撤消禁酒令，不過為杜絕犯罪，保障人民的健康，防止假酒入侵進口，美國政府依舊持續使用放射性分析法，檢驗酒的真實來源。意即分辨飲用酒，是否採用石油衍生的合成酒精製造成的。如果以假酒害人，就需移送法辦。若是用水果或穀物，天然釀造成酒精，卻冒充工業用酒精進口，而想減低課稅，牟取暴利的話，那麼就再加重罰款，以抵免其所觸犯的法規。

1. 海關最近查獲一批葡萄酒，通過放射線測試後，發現其內碳 -14 的含量微乎其微。因此判定進口商有罪，下列說明何者有理 ？

   (A) 天然葡萄在發酵成葡萄酒的過程中，會自動將碳 -14 完全衰變成碳 -12

   (B) 在釀酒的過程中，碳 -14 會衰變成氮 -14，釋放到空氣中

   (C) 此批葡萄酒因為碳 -14 幾乎衰變完畢，所以可能是石油的衍生物

   (D) 發酵時葡萄所含的碳 -14 會氧化成二氧化碳，釋放到空氣中

   (E) 天然葡萄裏的酵母菌，只會發酵不具有放射性的碳 -14

2. 用老舊的汽車冷卻器，來製造蒸餾酒，為何會有鉛中毒的問題 ？

   (A) 汽車的冷卻器是用鉛管製作的，因此酒精會溶解並釋出鉛

   (B) 酒精經由汽車冷卻器蒸餾後，會使金屬衰變成穩定的鉛

   (C) 酒精蒸餾時添加鉛可防止溶液突沸，避免冷卻器爆炸

   (D) 老舊的汽車冷卻器中，殘留有汽油與抗震劑四乙基鉛燃燒後的生成物

   (E) 汽車冷卻器的內面覆蓋著鉛當催化劑，可加速酒精的蒸餾

下圖為實驗室常用的蒸餾裝置，據此回答 3 ～ 5 題：

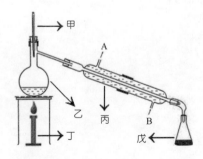

3. 圖中裝置的器材名稱，何項錯誤？
   (A) 甲：溫度計　　(B) 乙：平底燒瓶　　(C) 丙：李必氏冷凝器
   (D) 丁：本生燈　　(E) 戊：錐形瓶

4. 圖中標示的 A、B 有何作用？
   (A) A：溫水流出口，B：冷水進入口
   (B) A：溫水進入口，B：冷水流出口
   (C) A：熱空氣流出口，B：冷空氣進入口
   (D) A：冷空氣進入口，B：熱空氣流出口
   (E) A：熱空氣往上流的出口，B：冷水往下流的出口

5. 加熱蒸餾時，裝置在圖中器材乙的溶液裏，可加入何種物質，以防止突
   沸現象的發生？
   (A) 蒸餾水　　(B) 催化劑　　(C) 沸石　　(D) 木屑　　(E) 食鹽

6. 曝曬在陽光下的葡萄汁，為何會變成葡萄酒？
   (A) 葡萄汁照光行分解反應，所生成的產物為葡萄酒
   (B) 神奇的葡萄酒瓶，具有催化生成葡萄酒的作用
   (C) 葡萄汁照光行光合作用，所生成的產物為葡萄酒
   (D) 摻入天然礦泉水的葡萄汁，照光即可生成葡萄酒
   (E) 瓶內裝的原本就是葡萄酒

7. 有 900 克的葡萄糖，若依據方程式：$C_6H_{12}O_6 \rightarrow 2C_2H_5OH + 2CO_2$ 完全發
   酵後，可產生多少克的酒精？（$H = 1$、$C = 12$、$O = 16$）
   (A)230　　(B)460　　(C)690　　(D)805　　(E)900

答：1.(C)　2.(D)　3.(B)　4.(A)　5.(C)　6.(E)　7.(B)

主題19　鈉-硫電池、核電池

一、鈉－硫電池

　　1960 年代美國福特汽車公司的科學家採用 β-氧化鋁作為固體電解質，陽極材料取用遭人質疑、化性活潑的、鹼金屬鈉，陰極材料則是使用更不可思議、固體絕緣的、非金屬硫。沒想到他們的異想天開，竟然製作出鈉-硫電池或稱 NAS 電池（圖 19-1），它是可重複充放電的二次電池。

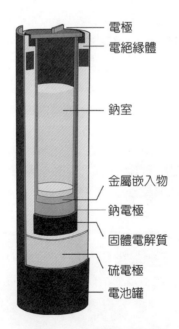

圖19-1　鈉-硫電池結構圖

　　鈉 - 硫電池放電時，陽極融熔的鈉失電子變成鈉離子，鈉離子經固體電解質到達陰極，與液體硫形成多硫化鈉；陽極釋出的電子，經由外電路到達陰極，參與反應。充電時，鈉離子重新經過電解質回到陽極，過程與放電時相反（圖 19-2）。

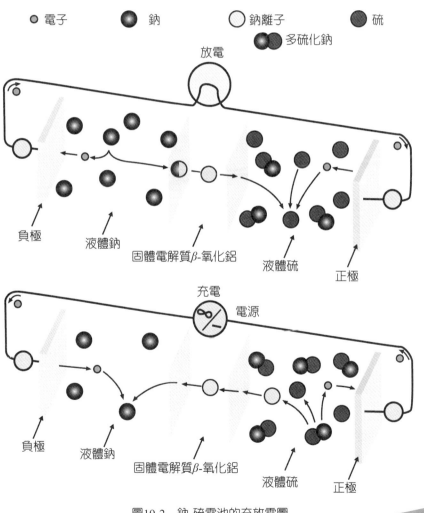

圖19-2　鈉-硫電池的充放電圖

電池中間的固體電解質 β- 氧化鋁（圖 19-3）是一種氧化鋁與鈉離子，交錯排列成的網狀晶格結構，屬於陶瓷材料。它是電池中最重要的部分，承擔著傳導和隔膜的雙重作用。

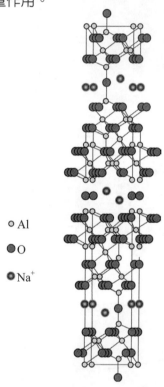

圖19-3　鈉離子-β-氧化鋁（Na^+-β-Al_2O_3）晶格結構圖

這種電池的操作溫度是在 300℃到 350℃之間，負極的金屬鈉與正極的硫都呈現熔融態。由於正極的硫導電性不好，因此一般把硫吸附在碳海綿裏，增加電極的導電性。又正極生成的多硫化鈉，具有較強的腐蝕性，所

以電池採用抗腐蝕性佳，鐵中摻有鉻與鉬的不銹鋼材料作為外殼。

　　鈉 - 硫電池是屬於在中等溫度被使用的一種綠色二次電池，具有容量大、體積小、能量儲存和轉換效率高、壽命長、不受地域限制等優點，電池所採用的電極材料，鈉與硫的價格便宜，產量豐富，都是比較輕的元素，而且整個電池的材料，對環境並沒有什麼污染，不過鈉易與空氣中的氧或水蒸氣反應，發生劇烈的燃燒現象，因此使用時必須小心，注意安全。它很適合應用在風力與太陽能發電廠，作為儲存電能的工具。並且在航空飛行，電動車等領域裏，也都具有發展的潛力。

1. 鈉 - 硫電池的負極原料鈉，可由當士法製得。在氯化鈉中加入氯化鈣，加熱融熔後電解，產生的鈉需儲存在乾燥惰性氣體中或無水礦物油裏。下列敘述何者錯誤？

   (A) 鈉需儲存在無水礦物油裏，是因為鈉會與水或氧反應，且鈉的密度比礦物油大

   (B) 電解融熔氯化鈉正極生成鈉，負極生成氯

   (C) 鈉的質地軟，硬度只有 0.5，可用鋼刀切割

   (D) 氯化鈉熔點 801℃ 加入氯化鈣熔點可降至 600℃ 左右，因此節省加熱的能源與提煉的成本

   (E) 鈉會浮在水面上表示其的密度小於 $1g \cdot cm^{-3}$

2. 鈉原子的電子殼層結構 2.8.1（圖一）與硫原子的電子殼層結構 2.8.6（圖二）。下列敘述何者錯誤？

   （圖一）　　　　　　　（圖二）

   (A) 鈉與硫原子的電子殼層結構都是 3 層，所以兩種元素都位於第 3 週期

   (B) 原子序：鈉是 11 硫是 16，鈉的原子量小於硫的原子量

   (C) 原子的電子數：鈉是 11 硫是 16，鈉原子半徑小於硫原子半徑

   (D) 電子殼層的最外層，鈉有 1 個價電子，硫有 6 個價電子

   (E) 鈉失去電子形成 Na^+，硫獲得電子形成 S^{2-}，因此 Na^+ 半徑小於 S^{2-} 半徑

3. 有關鈉（Na）、硫（S_8）與氧化鋁（Al_2O_3）三種物質性質的比較，下列敘述何者錯誤？

(A) 鈉原子間為金屬鍵，硫原子間為共價鍵，氧化鋁原子間為離子鍵

(B) 三種物質的熔點大小： $Na < S_8 < Al_2O_3$

(C) 三種物質的硬度大小： $Na < S_8 < Al_2O_3$

(D) Na 與 Al_2O_3 為實驗式，S_8 為分子式

(E) 鈉、硫與氧化鋁三種物質的固體皆能導電

4. 鈉 - 硫電池在 300℃到 350℃之間放電反應方程式，可表示為：2 Na + 4 S → Na_2S_4 E 電池 ÷ 2 V，下列敘述何者錯誤？

(A) 鈉失去電子為還原劑，硫得到電子為氧化劑

(B) 因為鈉的熔點 98℃，所以放電時鈉是液體

(C) 因為硫的熔點 115℃，所以放電時硫是液體

(D) 多硫化鈉在電池放電時是液體

(E) 由於電池的負極是鈉，正極是硫，因此液態鈉與硫都易導電

5. 鹼氯工業以 β- 氧化鋁陶瓷作隔膜，電解濃食鹽水，如圖所示。所得產品的純度高，因此排放出廢棄物少，可降低污染程度。下列敘述何者錯誤？

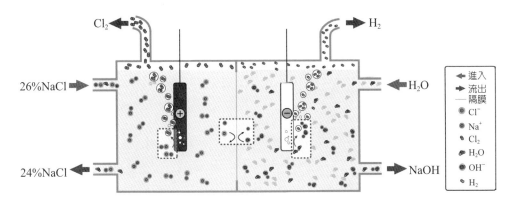

(A) β- 氧化鋁隔膜允許 Na^+ 通過，而不允許 OH^- 或 Cl_2 通過

(B) 電解濃食鹽水負極產生 H_2 與 NaOH

(C) 電解濃食鹽水正極產生 Cl_2

(D) 電解濃食鹽水需加熱,並通過直流電

(E) Cl_2 與 NaOH 混合會反應,生成 $NaOCl$、$NaCl$ 與 H_2O

答:1.(B) 2.(C) 3.(E) 4.(E) 5.(D)

二、核電池

核電池是利用放射性同位素衰變時，產生的能量來發電的裝置。

傳說中國在「寧要核子，不要褲子」的時代，曾向蘇聯買了一顆核電池，大小相當於乾電池，輸出功率 500 毫瓦，可連續輸出 200 多年，售價 3000 萬人民幣，科學家在最嚴密的防護下，將它拆解開來，結構看似很簡單，但是研究了幾年，卻仍舊不知道，它是怎麼製造出來的？在外形上，核電池雖有多種形狀，但它的最外層，大都由合金製成，以保護電池，兼具散熱的作用；次外層是遮蔽輻射的護罩，用來防止輻射的洩漏；第三層也就是內層，稱為能量轉換器，在這裡利用熱電元件，將熱能轉換成電能；最後是電池的心臟部分，放射性同位素在裡面不斷地發生蛻變，並放出能量。

核電池的特點是放射性同位素衰變時所放出的能量大小、速度，不受外界環境中的溫度、壓力、電磁場、化學反應的影響；因此，核電池以抗干擾性強，運作準確，性能穩定，品質可靠而著稱。它的環境耐受性好，能為各種空間、特殊惡劣的條件下，於高空、地面、海上、海底，乃至太空的自動觀察站，或信號站等，提供能源。

另一個特點是核電池可採用蛻變時間很長，即半生期很長的放射性同位素，它能被長期使用，與維持一定程度的電能，例如：鈽 -238（Pu-238 $t \frac{1}{2} = 89.6$ 年）。

核電池大致分成兩類，分別是熱轉換型核電池以及非熱轉換型核電池。

熱轉換型核電池是運用能放出大量熱能的同位素，透過熱電與熱離子產生器，將熱能轉換成電能。例如：美國國家航空暨太空總署 NASA 轄下

的好奇號火星探測車，採用多任務放射性同位素熱電產生器（Multi-Mission Radioisotope Thermoelectric Generator, MMRTG）。利用鈽 -238 在自然衰變的過程中，釋放出 2000 瓦的熱功率，再轉換成電功率來發電。在任務初期，能可靠地，在任何狀況下，提供約 125 瓦的電功率輸出，但隨著燃料的衰變會逐年降低，不過歷經 14 年後，仍還會有 100 瓦的電功率輸出。

　　非熱轉換型核電池是使用同位素衰變時放出的 β 粒子，也就是直接使用電子來發電，中間不涉及將熱能轉換成電能。例如：2012 年 8 月 14 日美國佛羅里達州 City Labs 實驗室發佈世界上第一個氚電池，商品名 NanoTritium 問世。氚電池標榜著續航力高達 20 年，可用在周圍環境嚴寒的零下 40°C，到酷熱的 80°C 溫度之間，外界壓力則是 0.24atm 到 1.00atm 的範圍。由於氚是氫的同位素，氚原子包含兩個中子與一個質子，具有放射性，會衰變出 β 粒子相當於電子可被鋁箔所阻擋，並提供能量。因此只有大量吸入氚才會對人體有害。氚電池就是利用這樣的原理所製成，與現今生活所常用的化學電池不同。而氚的半生期（代號 t ½）是 12.33 年，這意味著在經過 12.33 年後，只用了一半電能。

氚電池

1. 現作海底潛艇導航信標，能保證航標每隔幾秒鐘發出訊號，幾十年內可以不換電池。或作水下監聽器的電源，用來監聽敵方潛水艇的活動。還有能耐五六千米深海的高壓，用作海底電纜的中繼站電源。下列何種電池，能適用於上述環境？

   (A) 太陽能電池　　　(B) 核電池　　　(C) 葉綠素電池
   (D) 氫氧燃料電池　　　(E) 微生物電池

2. 在醫學上，核電池已用於心臟起搏器和人工心臟。它們的能源要求精確可靠，以便能放入病患的胸腔內長期使用。植入人體內的微型核電池以鉭鉑合金作外殼，內裝 150 毫克鈽 –238，整個電池只有 160 克重，體積僅 18 立方毫米，可以連續使用 10 年以上。鈽的原子序是 94、熔點 639.4℃、沸點 3230℃，可衰變出 α 射線。下列敘述何者錯誤？

   (A) 150 毫克鈽 -238 與氧反應成的氧化物與 150 毫克鈽 –238，兩者的放射性強度相同
   (B) 於人體體溫 37℃時，或在高溫 5000℃時，等質量鈽 –238 的放射性強度相同
   (C) 在 1atm、室溫 25℃時，鈽 -238 呈固體狀
   (D) 鈽 –238 衰變出 α 射線後，可變成原子序 92 的鈾 –238
   (E) 鉭 Ta、鉑 Pt、鈽 Pu 原子間都是金屬鍵，都是導體

3. 用於探索月面的阿波羅號太空船上，安裝的核電池是鈽 -238。當太空船處於背陽的月面，其溫度會急遽下降好幾百度，從酷熱一下變成了嚴寒的世界。為了使衛星上的地震儀 、磁場儀以及其它機械能正常工作，必須利用餘熱放熱進行保溫。下列敘述何者正確？

(A) 鈽 −238 在高溫時易氣化吸收能量，到低溫時也易固化放出能量，因此能保溫

(B) 鈽 −238 在高溫時原子核內的質子與中子特別活躍，等溫度下降時，正可釋出能量

(C) 鈽 −238 在高溫與低溫時，皆能不斷衰變釋出能量，轉換成熱能與電能

(D) 因為鈽 −238 是金屬，在低溫時導電性與導熱性佳，所以能將能量保存而不釋出

(E) 因為鈽 −238 在低溫時，會自周圍吸收熱量，所以能升高溫度，保持儀器的正常運作

4. NanoTritium 是非熱轉換型核電池。下列敘述何者錯誤？

(A) 氚會釋出粒子生成氦

(B) 一顆氚核電池使用 20 年後就不能再放出 β 粒子

(C) 氚核電池可自電池的負極釋出電子

(D) 氚核電池可用鋁箔紙包裹住阻止放射線的釋出

(E) 氚核電池衰變出的氦 -3 是屬於 18 族的惰性氣體

5. 有關氫 −1、氫 −2、氫 −3 和氦 −3、氦 −4 的原子敘述，下列敘述何者錯誤？

(A) 氫 −1、氫 −2、氫 −3 為同位素

(B) 氦 −3、氦 −4 原子序相同

(C) 氫 −3 又名氚 −3

(D) 氫 −3 和氦 −3 的質量數相同

(E) 氫 −3 和氦 −3 的中子數相同

答：1.(B)　2.(D)　3.(C)　4.(B)　5.(E)

應考必備
觀念

主題20　蝸牛電池

　　2012 年 4 月美國化學學會期刊（簡稱 JACS）報導位於紐約市的克拉克森大學化學家葉夫根尼・卡茲與他的團隊，自蝸牛殼外打個洞，插入塗敷酶層的電極到它體內的血淋巴，也就是蝸牛的血液中，使溶於其中的葡萄糖氧化成葡萄糖酸，釋出電子；同時在洞旁邊的殼上，另外再打個洞，也插入塗敷不同酶的電極，並連接好外電路，將傳遞過來的電子與溶入血淋巴中的氧作用，還原產生水。

　　上述反應能夠在兩電極間，產生一個略高於 0.53 伏特的電壓，並釋放出數微瓦的功率。此種挑戰性的設計，能夠將蝸牛體內的能量，驅動成電能，雖然僅只數微瓦的功率，但其大小卻相當於小型計算機和手錶中的太陽能電池，所產生的功率大小。

蝸牛活體

蝸牛電池的製作原理示意圖

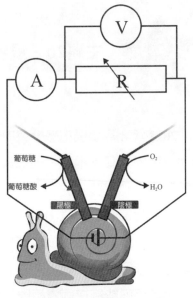

在蝸牛殼上插入電極的操作圖　　　　　蝸牛電池的生成原理與電路圖

　　蝸牛電池是第一個能夠將電極，植入活生物體內，較長時間，而不會損害其生命機能的成功實例。它能釋放出數微瓦的電力，達數分鐘後，即因蝸牛體內的葡萄糖濃度不夠高，而導致電功率的降低。此時只要趕緊餵蝸牛吃點食物，或是讓牠稍微休息一下，等蝸牛的體力恢復後，接著馬上就有電力。如同人餓了沒有力氣般，需等到吃飽、喝足、休息夠了，方才有力氣能夠做事。

　　未來蝸牛電池的前景光明，這種新生代燃料電池的相關產品，能夠為人體體內電力的供應，提供更佳的選擇與設計。由於人體血液裏所含的葡萄糖和氧，比蝸牛的含量還高很多，並且也較穩定；因此所產生的電功率，應該比蝸牛電池還要多與更平穩，所以可研發出人體自身的活電池，

作為有些病患，安裝在體內的心臟起搏器，或是胰島素泵[1]的發電機，而無需定期更換電池。

　　蝸牛電池無法驅動手機，但可提供小型感應器所需的電力；發揮一些想像力，將來也可運用此種生物技術，把類似的微電極，植入蠕蟲或昆蟲的體內，使它們能夠提供微型攝影機的電力，作為環境和國土安全的隱匿監測器。

---

[1] 胰島素泵（Insulin pump）又名胰島素幫浦，是一種替代每日多次注射胰島素，用於治療糖尿病的醫療設備，也稱為持續皮下胰島素輸注治療裝置。它是類比人體健康胰腺分泌胰島素的生理模式，俗稱「人工胰腺」。

應考能力
檢測

1. 蝸牛電池的原理是屬於下列何種電池？

(A) 一次電池　　 (B) 二次電池　　 (C) 燃料電池　　 (D) 蓄電池
(E) 原電池

2. 蝸牛電池的負極反應物為下列何項物質？

(A) 葡萄糖酸　　 (B) 葡萄糖　　 (C) 氧氣　　 (D) 水　　 (E) 二氧化碳

3. 下列何者是蝸牛電池放電時正極反應的生成物？

(A) 葡萄糖酸　　 (B) 葡萄糖　　 (C) 氧氣　　 (D) 水　　 (E) 二氧化碳

4. 2010 年法國大學的研究團隊為人體內的人造器官，植入葡萄糖生物燃料
電池，藉以提供電能。下列敘述何者錯誤？

(A) 葡萄糖和氧都可自食物的代謝得到
(B) 葡萄糖在電池的負極釋出電子，氧在電池的正極獲得電子
(C) 體內的一種酶可使葡萄糖氧化，另一種不同的酶可使氧還原
(D) 葡萄糖生物燃料電池不是一種蓄電池
(E) 人造器官在體外通電後也能運作

5. 科學家將電極植入蟑螂，設計了一種可以裝置在蟑螂體內的燃料電池，
並成功使用活蟑螂體內原有的海藻糖、酶以及空氣中的氧，一起用來發
電。下列敘述何者錯誤？

(A) 海藻糖在酶裏經過電極氧化釋出電子，作為電池的負極
(B) 氧在電極上還原獲得電子，作為電池的正極
(C) 蟑螂電池放電時，電子自負極釋出經外電路到正極
(D) 蟑螂電池沒電時，可餵蟑螂吃海藻糖即可繼續放電
(E) 打不死的蟑螂，可放入缺氧的太空中發電

答：1.(C)　 2.(B)　 3.(D)　 4.(A)　 5.(E)

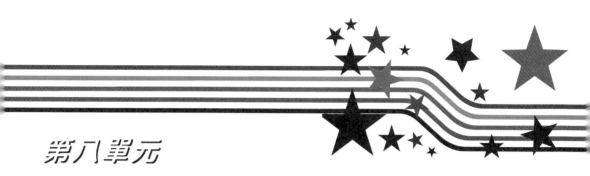

第八單元

化學與化工——
綠色化學、工業化學

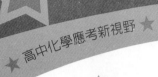

應考必備
觀念

主題21　倫敦奧運的化學

一、最綠色的奧運會建築

（一）倫敦碗體育場

　　2012 年 7 月 27 日至 8 月 12 日，在英國倫敦舉辦第 30 屆奧運會，此為倫敦第三次主辦夏季奧運會，其開幕式和閉幕式都在倫敦奧林匹克體育場即俗稱的「倫敦碗」舉行。此碗是截至目前，最可持續性發展的場館，由於全球鋼鐵資源有限，它與 2008 年北京奧林匹克體育場「鳥巢」相比，鋼鐵用量減少 75%。而其另一大特色則是展示最佳的低碳生態實踐區，引入零碳概念，宣導綠色設計，可持續發展的理念。所以採用工業廢棄物，實施低碳結構的設計，減少碳的使用量達到 40% 左右。

1. 2012 年倫敦奧運會承諾給世界，舉辦一屆有史以來最綠色的奧運會。下
   列哪一項措施，與綠色奧運的理念無關？
   (A) 將通過高壓蒸汽對 140 萬噸污染過的土壤進行消毒、清理和回收
   (B) 獎牌無論尺寸、質量都是歷屆奧運最少量的，以節省貴重金屬的用
       量
   (C) 將奧林匹克建築群的周圍，建造成生態公園，增添綠意
   (D) 主場館採自然通風設計，僅有 14% 的地方，需安裝空調
   (E) 場館可拆卸組裝、建材也可回收再利用

2. 倫敦碗與北京鳥巢，都需採用大量的鋼鐵作為建材。鐵在地殼中佔元素
   含量的第幾位？
   (A) 第 1 位　　(B) 第 2 位　　(C) 第 3 位　　(D) 第 4 位　　(E) 第 5 位

3. 下列有關元素鐵 Fe 的敘述，何者錯誤？
   (A) 鐵的密度約 7.9 g·cm^{-3} 屬於重金屬之一
   (B) 鐵的原子序 26 位於週期表的主族元素區
   (C) 鐵原子失去 2 個電子形成亞鐵離子
   (D) 鐵原子失去 3 個電子形成鐵離子
   (E) 血紅素的中心離子為亞鐵離子

答：1.(B)　2.(D)　3.(B)

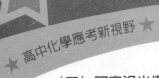
（二）阿塞洛米塔爾軌道塔

　　阿塞洛米塔爾軌道塔是專為此次奧運所設計的巨型「公共藝術品」。該塔外形酷似一個螺旋滑梯，高約 114.5 公尺，是英國最高的「雕塑」。建築材料中 60% 都是來自世界各地所回收的鋼材，整座塔需用掉 1400 噸鋼材，其技術也處於世界建築和工程領域的最前沿。

4. 鋼鐵是常用的金屬材料，鼓風爐是以焦炭、鐵礦石、石灰石、空氣等為原料，高溫反應來煉鐵，有關此過程的敘述何者錯誤？
   (A) 使用焦炭是用作煉鐵的燃料，同時兼作鐵礦石的氧化劑
   (B) 煉鐵過程中產生的一氧化碳，也是用作燃料兼作鐵礦石的還原劑
   (C) 在鼓風爐中煉得的生鐵，因含碳量高而使得鐵質變硬，且質地相當的脆
   (D) 鐵礦中所含泥沙主成分為二氧化矽，可與石灰石碳酸鈣反應生成熔渣
   (E) 所生成的熔渣密度比鐵小而浮在熔融的鐵面上，可防止鐵再氧化

5. 倫敦碗結構中的鋼筋被混凝土嚴密包裹而不易生銹；阿塞洛米塔爾軌道塔中的鋼筋，外塗紅色的漆以防鐵生銹。判斷下列哪一試管中的鐵釘最容易生銹？

6. 鐵生銹會使建築倒塌，器械損壞；下列何種情況不容易使鐵生鏽？
   (A) 在鐵表面灑鹽　　(B) 加酸於鐵面上　　(C) 用鋁箔包裹鐵
   (D) 與銅線接觸　　(E) 升高溫度

7. 鐵銹指示劑是含有鐵氰化鉀（俗稱赤血鹽）和酚酞的溶液，鐵氰化鉀會和亞鐵離子 Fe^{2+} 進行反應，生成藍色的亞鐵氰化鐵 $Fe_4[Fe(CN)_6]_3$（俗

稱普魯士藍），而酚酞在氫氧根離子 OH^- 存在時會呈現粉紅色。如圖所示：將纏繞鋅片的鐵釘，與纏繞銅線的鐵釘，分別置入含有鐵氰化鉀和酚酞的洋菜汁中，經過一段時間後，下列敘述哪三項正確？

(A) 繞鋅片的鐵釘發生了氧化反應
(B) 繞銅線的鐵釘發生了氧化反應
(C) 繞鋅片的鐵釘兩端，呈現藍色
(D) 繞銅線的鐵釘兩端，出現藍色
(E) 繞鋅片的鐵釘兩端，呈現粉紅色

銅線　鋅片

答：4.(A)　5.(B)　6.(C)　7.(B)(D)(E)

（三）倫敦自行車場館

　　自行車場館擁有輕又環保的屋頂，倫敦人親切的暱稱它為「品客」，那是家樂氏旗下的一個馬鈴薯製零食的品牌，舊稱「翹鬍子洋芋片」。顧名思義的就是因為它的外觀，猶如洋芋片般的波浪形屋頂，成為它最鮮明的特色。它是採用回收木做成的，波浪狀的纜索結構設計，這不單是為了美觀，並且能減少屋頂的重量。該結構效用不僅中看，更中用。

　　它能增加自然光，還能使空氣流通，大幅減少電力的耗損。不但減少建材的使用量，並且使得建造時間縮短了 20 週。此外，屋頂還可用來收集雨水，因此水的用量可降低 70%。新場館可容納 6,000 個座位，分成上下兩層，中間裝設有玻璃牆，觀眾可以 360 度觀賞場館外的園區景色。

　　當奧運比賽結束後，自行車場館將成為新的單車公園，供當地居民使用。

應考能力
檢測

8. 倫敦自行車場館外觀最顯眼的特色是猶如洋芋片般的波浪形屋頂，其屋頂的建材，下列何者為其主要的成分。

(A) 澱粉混合油脂　　(B) 尼龍　　(C) 白鐵　　(D) 混凝土　　(E) 纖維素

9. 品客洋芋片即翹鬍子洋芋片，其特色在於採用厚片波浪造型來增加口感，與長筒罐狀包裝，以避免壓碎洋芋片。下列有關洋芋片的敘述何者錯誤。

(A) 洋芋片中含有澱粉與油脂
(B) 洋芋片點火後可燃燒
(C) 洋芋片因為波浪造型而不易破碎
(D) 在洋芋片上加碘液不會呈現出藍黑色
(E) 洋芋片的原料是馬鈴薯

10. 品客洋芋片因其內含八羧酸蔗糖脂，作為油脂替代品，所以說其薯片中不含脂肪。下列有關八羧酸蔗糖脂的敘述何者錯誤？

(A) 八羧酸蔗糖脂會造成腸胃不適，因為它是人工、難消化的油 脂替代品
(B) 八羧酸蔗糖脂是由脂肪酸和蔗糖酯化的產物，含有酯類與醚類的官能基
(C) 八羧酸蔗糖脂的合成來自食用脂肪酸與蔗糖，因此可增加食物熱能的吸收量
(D) 八羧酸蔗糖脂可溶解戴奧辛、多氯聯苯等毒素，所以有助於此類毒素的排出體外
(E) 製造八羧酸蔗糖脂的脂肪酸原料，可以是植物油或動物脂

八羧酸蔗糖脂的結構式為：

$R = CH_2(CH_2)_nC$

答：8.(E)　　9.(D)　　10.(C)

二、倫敦奧運會火炬

　　2012 年倫敦奧運會火炬原型，從頭到尾呈金色，表面 8000 個圓圈，象徵 8000 名奧運火炬手。800 毫米高、800 克重的火炬為三面椎體。

　　製造火炬的材質是選用航太和汽車製造領域，常用的一種鋁合金材料，因為這種合金質量輕，但延展性和抗熱性都非常好。此外，8000 個鏤空圓圈，也在一定程度上減輕了整體火炬的重量。此為奧運會史的首創，由於燃燒時的火焰溫度極高，鏤空設計還可有效杜絕火炬柄導熱的問題，對通風和降溫都有不少好處。

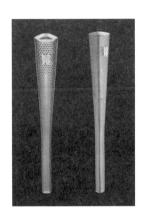

應考能力
檢測

1. 倫敦奧運聖火自 2012 年 5 月 18 日開始，在七千多名火炬手的合作下，行經英國境內，聖保羅教堂等倫敦知名地標，最後抵達白金漢宮，就此表達英國全民迎接奧運的熱切心情。火炬不斷燃燒的三項要件是：

   (A) 天氣要是晴天　　　(B) 溫度要達到燃料的著火點
   (C) 要有足夠的空氣　　　(D) 要有燃料　　　(E) 火炬要採金屬製作的外殼

2. 倫敦奧運火炬所用的燃料依然是從 2000 年奧運會上開始使用的丙烷和丁烷，下列敘述何者錯誤 ？

   (A) 在一般的環境下，氣態丙烷和丁烷的密度皆大於空氣的密度
   (B) 丙烷和丁烷燃燒的火焰呈亮黃色，在各種光照下都可被清晰識別，滿足各種拍攝影像的要求
   (C) 丙烷和丁烷燃燒後主要產生水蒸氣和二氧化碳，對環境的汙染，危害較小
   (D) 丙烷和丁烷皆為 C 與 H 的化合物，C 的質量固定時，H 的質量比為 16：15 符合倍比定律
   (E) 丙烷和丁烷來自石油分餾的產物，屬於無機化合物

3. 火炬的材質是一種常用的鋁合金，有關鋁的特性，下列敘述何者錯誤 ？

   (A) 鋁是一種輕金屬，不易氧化生銹，因此火炬不會在空氣中腐蝕掉。
   (B) 鋁可與強酸和強鹼反應，產生氫氣
   (C) 鋁元素在地殼中的含量居金屬首位
   (D) 鋁的價電子數為 3，可失去電子，形成 +3 價的鋁離子
   (E) 氫氧化鋁作成制酸劑，抗酸作用緩慢，具收斂作用，可保護粘膜，但會導致便秘

答：1.(B)(C)(D)　2.(E)　3.(A)

三、倫敦奧運會的吉祥物

　　兒童作家邁克爾‧莫爾普戈給倫敦奧運會吉祥物，寫了一個小故事：「工人們在工廠為倫敦碗煉鋼，即將要完工時，在鋼水出爐的剎那，兩小攤鋼水，不小心掉落在地面上。後來由一個退休的工人，將兩塊冷卻凝固的鋼鐵塊，撿回家中，雕琢成了兩個長著一隻大眼睛的精靈，於是文洛克和曼德維爾就此誕生。」

　　他倆被製成許多種玩具，各式徽章，還有被列印在 T-shirt、杯子等商品上。這兩個大眼睛精靈，頭上的黃燈代表倫敦計程車，而手上則戴著表示友誼的奧林匹克手鏈。它們的大眼睛事實上還有照相功能，目的是見證他們每一個去過的地方和見過的人。

1. 為宣導綠色設計，減少環境污染，適合兒童臥抱的安全吉祥物：所選用的外部材料為純羊毛布料，內填無毒的聚酯纖維。下列有關的敘述，哪兩項是正確的 ？

   (A) 純羊毛和聚酯纖維可用燃燒法區別

   (B) 聚酯纖維的吸水性和透氣性比純羊毛好

   (C) 純羊毛屬於有機材料，聚酯纖維屬於無機材料

   (D) 純羊毛含蛋白質的醯胺鍵結，聚酯纖維含酯類鍵結

   (E) 純羊毛與聚酯纖維皆不會產生靜電效應

2. 下列何者為無毒的聚酯纖維 ？

   (A) 棉、麻　　(B) 耐綸　　(C) 蠶絲　　(D) 羊毛　　(E) 達克綸

3. 下列何種布料遇到硝酸會變成黃色 ？

   (A) 達克綸　　(B) 耐綸　　(C) 棉、麻　　(D) 羊毛　　(E) 奧綸

4. 下列何種纖維燃燒時會放出含硫化物的刺激性臭味 ？

   (A) 羊毛　　(B) 蠶絲　　(C) 麻　　(D) 耐綸　　(E) 達克綸

5. 下列有關天然纖維的敘述，何者正確？

   (A) 棉纖維燃燒時有臭味

   (B) 蠶絲纖維主要成分為纖維素

   (C) 羊毛纖維主要成分為蛋白質

   (D) 動物纖維最好用肥皂洗滌，清潔效果較佳

   (E) 天然纖維不吸水、快乾

答：1.(A)(D)　2.(E)　3.(D)　4.(A)　5.(C)

四、有用的白粉

（一）使奧運體操與舉重選手不掉槓的白粉

　　觀看奧運的體操與舉重比賽，在競技場旁，都可看到架置著一盆白色的粉末，而凡是輪到上場的選手，大都會把雙手伸進盆裏，在手心上塗抹著粉末，如圖所示，那的是什麼粉末呢？

　　那是碳酸鎂，具有吸水和吸油性，因此體操、舉重和攀岩運動員常常利用碳酸鎂擦手，以保持雙手乾燥，增加掌心與器械之間的摩擦力，防止滑手，並避免從器械上跌落下來，造成失誤，甚至受傷。

應考能力
檢測

1. 碳酸鎂遇到鹽酸會產生何種氣體？

(A) H_2　　(B) CO_2　　(C) O_2　　(D) NH_3　　(E) Cl_2

2. 有關碳酸鎂與碳酸鈣的敘述，哪兩項是正確的？（C = 12、O = 16、Mg = 24、Ca = 40）

(A) 暫時硬水受熱後會產生碳酸鎂與碳酸鈣的沉澱

(B) 碳酸鎂與碳酸鈣都可作為制酸劑

(C) 碳酸鎂與碳酸鈣都可作為瀉藥

(D) 等質量的碳酸鈣與碳酸鎂裏，鈣的含量小於鎂

(E) 碳酸鈣與碳酸鎂都是貝殼與蛋殼的主要成分

答：1.(B)　　2.(A)(B)

（二）爽身粉與痱子粉

在悶熱的夏天裏，沐浴後或理髮後，將爽身粉或痱子粉撲散在身體或頸部的皮膚上，能給人以舒適芳香的感覺。

爽身粉與痱子粉的作用極為相似，都具有涼爽肌膚、吸收汗液、止癢等作用。但不同處是爽身粉是在痱子粉中，祛除一部分的化學成分，因而對皮膚無刺激作用，但仍未能很好的解決，堵塞汗孔的問題。

痱子粉可分為成人痱子粉和兒童痱子粉：成人痱子粉與兒童痱子粉所含的藥物、劑量都不相同，但痱子粉的原料中都有滑石粉、香料，還有昇華硫、薄荷腦、氧化鋅、百里酚和水楊酸等。爽身粉的主要成分是滑石粉、硼酸、碳酸鎂及香料等。同樣的爽身粉也因所含硼酸等，劑量的不同，分為成人用和兒童用兩種。

應考能力
檢測

3. 下列物質，何者不是白色的固體？

(A) 滑石　　(B) 昇華硫　　(C) 薄荷醇　　(D) 氧化鋅　　(E) 硼酸

4. 下列物質，何者是有機物？

(A) 滑石　　(B) 昇華硫　　(C) 薄荷醇　　(D) 氧化鋅　　(E) 硼酸

5. 下列物質，何者沒有殺菌作用？

(A) 滑石　　(B) 昇華硫　　(C) 薄荷醇　　(D) 氧化鋅　　(E) 硼酸

答：3.(B)　4.(C)　5.(A)

（三）　爽身粉與痱子粉裏的藥品

(1) 滑石　化學式 $Mg_3Si_4O_{10}(OH)_2$ 為矽酸鹽礦物，是已知最軟的礦物，其莫氏硬度標為 1。磨成的粉末稱為滑石粉，質地細膩，常用於減小摩擦。

(2) 昇華硫　在自然界分佈很廣，常存在於火山附近，稱為天然硫；可作殺蟲藥，包括真菌及殺疥蟲的作用。其本身並無此作用，但與皮膚接觸後，變為硫化氫與硫磺酸化合物後，顯示出效用。硫磺酸對皮膚有溶解角質作用，因此昇華硫亦可作為皮膚科用藥，具治療脂溢性皮膚病、疥及牛皮癬等功效。

(3) 薄荷腦　係由薄荷的葉和莖中所提取薄荷油的主要成分，化學名為薄荷醇，它是白色晶體，分子式 $C_{10}H_{20}O$，常添加在許多物品裏，例如：喉糖、止癢藥物、香水、鎮痛膏布、口腔衛生用品、化妝品等。

(4) 氧化鋅　化學式 ZnO 難溶於水，可溶於酸和強鹼。它是白色固體，故又稱鋅白。常見於治療皮膚炎的軟膏中，用於止癢與止痛；或作為防曬霜的成分，與用作白色的顏料。

(5) 百里酚　又名麝香草酚，由於萃取自植物百里香草而得名，它是白色晶體，分子式 $C_{10}H_{14}O$ 的殺菌作用比酚強，且毒性低，有殺蟎、殺真菌作用，氣味芳香。可作防腐劑、麻醉劑、增味劑。

(6) 水楊酸　又名柳酸，因其可從柳樹皮中提取而得名，化學名鄰羥基苯甲酸，化學式 $C_6H_4(OH)(COOH)$，其防腐力近於酚，外用，對微生物有抗菌性，適用於脂溢性皮炎、疣、雞眼、胼胝及局部角質增生等，角質軟化劑使用。

(7) 硼酸　是一種無機酸，分子式 H_3BO_3 為單質子弱酸，主要用於消毒、殺蟲、防腐，常發現溶解於火山湖水或溫泉中。可添加在敷藥、軟膏等藥品裏，稀釋過的硼酸水溶液，還可作成眼藥水使用。

(8) 碳酸鎂　是一種鹽類，化學式 $MgCO_3$ 化學性質穩定，無毒無味，不可燃。可塗抹於手掌中，以保持雙手乾燥，但也可能令某些人皮膚過敏；它可作為制酸劑、便秘藥等腸胃相關藥品。

化學新思維

書讀累了，不妨想一想，爽身粉和痱子粉有何妙用呢？

6. 比較薄荷醇（$C_{10}H_{20}O$ 含一個羥基、不含雙鍵）、百里酚（$C_{10}H_{14}O$ 含一個羥基）、水楊酸（$C_7H_6O_3$ 含一個羥基和一個羧酸基），三種化合物。下列有關的敘述，哪兩項是正確的？

(A) 只有百里酚與水楊酸屬於芳香族化合物的衍生物

(B) 三種化合物皆可與碳酸氫鈉水溶液反應，產生二氧化碳氣體

(C) 薄荷醇分子不含雙鍵、百里酚分子含 3 個雙鍵、水楊酸分子含 4 個雙鍵

(D) 三種化合物皆可使潮濕的藍色石蕊試紙變紅色

(E) 薄荷醇、百里酚、水楊酸皆含有分子內的氫鍵

7. 下列哪三種化合物，遇氯化鐵會呈現紫色的錯合物？

(A) 薄荷醇　　　　　　(B) 百里酚　　　　　　(C) 水楊酸

(D) 水楊酸甲酯　　　　(E) 乙醯水楊酸

8. 用 0.001M 的 NaOH 水溶液，滴定 50mL 的硼酸水溶液，共消耗 25mL 達滴定終點，求此硼酸水溶液的濃度約為多少 M？

(A) 2.0×10^{-5}　　　(B) 5.0×10^{-4}　　　(C) 1.0×10^{-3}　　　(D) 1.5×10^{-3}

(E) 3.0×10^{-3}

9. 有關氧化鎂、氧化鈣與氧化鋅，三種化合物。下列敘述何項錯誤？

    (A) 三種氧化物的金屬陽離子，氧化數皆為 +2

    (B) 海苔包裝裏附加的乾燥劑是氧化鈣，俗稱生石灰

    (C) 可作為制酸劑與輕瀉劑是氧化鎂，俗稱苦土

    (D) 可用氧化鎂、氧化鈣代替氧化鋅，製作痱子粉

    (E) 與二氧化鈦粉末混合，製成防曬霜者是氧化鋅

10. 硼 $^{11}_{5}B$、氧 $^{16}_{8}O$、鎂 $^{24}_{12}Mg$、矽 $^{28}_{14}Si$、硫 $^{32}_{16}S$、鈣 $^{40}_{20}Ca$、鋅 $^{65}_{30}Zn$ 有關此七種元素，位於週期表的敘述，何項錯誤？

    (A) 鎂、鈣位於 2 族，氧、硫位於 16 族

    (B) 七種元素中硼、氧位於第二週期，鎂、矽、硫、鈣、鋅位於第三週期

    (C) 只有鋅為過渡金屬元素，其餘均為主族元素

    (D) 七種元素中單一原子所含中子數最少者為硼

    (E) 地殼中含量最多的元素是氧、其次是矽

答：6.(A)(C)　7.(B)(C)(D)　8.(B)　9.(D)　10.(B)

五、博帕爾市的毒氣災難

　　1984 年 12 月 3 日凌晨，設在印度中央邦的博帕爾市貧民窟附近，一所屬於美國聯合碳化物印度有限公司的農藥廠，發生氰化物洩漏事件。當時有 3,787 名居民，在睡夢中即刻喪命，兩星期後估計約有 8,000 人以上死亡；後來更有 558,125 人受傷；其中 38,478 人暫時受傷，卻有高達 3,900 人，因而永久嚴重的殘廢。事件至今，該地居民的罹癌率，以及兒童夭折率，仍遠比其他印度城市高。

　　災難所洩漏出的化合物是異氰酸甲酯，它是由光氣與甲胺作用合成的，反應方程式為：

$$Cl_2C=O + H_3C-NH_2 \longrightarrow H_3C-NH-C(=O)-Cl + HCl \quad (MCC)$$

$$H_3C-NH-C(=O)-Cl \rightleftharpoons H_3C-N=C=O + HCl$$
MCC

　　異氰酸甲酯一旦遇水，會產生強烈反應，大都用於製造農藥，其與齊克隆 B 一樣，曾在二次大戰期間，被用來屠殺猶太人。人類觸碰到它的反應是：當空氣中瀰漫 0.02ppm 以下時，無顯著反應；達到 0.4ppm 以上，眼睛感到刺激並且流眼淚；超過 5.0ppm 感到不適，咳嗽、胸痛、眼、鼻、喉嚨刺痛、皮膚損傷等；而 21ppm 則會致命。

　　2001 年 2 月，美國聯合碳化物集團成為陶氏化工集團的全資附屬公司。2012 年陶氏化工為倫敦奧運的贊助商之一，製作了數百個塑膠框架，用來裝飾倫敦碗的外牆。此舉引發印度人民的抗議，博帕爾市的民眾表示，陶氏化工沒資格贊助奧運，並要求倫敦奧委會撤銷其贊助權。

　　Samar Singh Jodha 的作品「博帕爾——一幅靜照」40 英尺長的多媒體裝置，於倫敦奧運期間，矗立在大赦國際英國總部的廣場上，諷刺倫敦奧運贊助商陶氏化工，希望藉畫「讓人們永遠記住這一末日般的慘劇」。

Samar Singh Jodha的作品「博帕爾—— 一幅靜照」

應考能力
檢測

1. 異氰酸甲酯 $H_3C - N = C = O$ 包含幾對孤對電子？

   (A) 1　　(B) 2　　(C) 3　　(D) 4　　(E) 5

2. 異氰酸甲酯 $H_3C - N = C = O$ 的分子量為多少？

   (A) 46　　(B) 57　　(C) 61　　(D) 69　　(E) 73

3. 光氣 15mol 與甲胺 30mol 反應，最多可以製得多少克的異氰酸甲酯？

   (A) 855　　(B) 960　　(C) 1197　　(D) 1580　　(E) 1710

4. 當每公升的空氣中含有6毫克的異氰酸甲酯時，人們會有何種反應？

   (A) 感到興奮　　(B) 無顯著反應　　(C) 眼感到刺激並流淚
   (D) 感到不適　　(E) 致命

5. 氰酸（$H - O - C \equiv N$）異氰酸（$H - N = C = O$）和雷酸（$H - O = N = C$）
   有關三者的敘述，何者錯誤？

   (A) 三者的分子式相同
   (B) 三者的化學性質完全相同
   (C) 三者為同分異構物
   (D) 三者都是彎曲折線形分子
   (E) 三種分子所含 C、H、O、N 的比例都相同

答：1.(C)　　2.(B)　　3.(A)　　4.(D)　　5.(B)

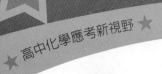

應考必備
觀念

主題22　未來的藥物

2012 NOBEL PRIZE IN CHEMISTRY
Robert J. Lefkowitz & Brian K. Kobilka

　　美國醫學和生物化學教授羅伯特‧萊夫科維茨與分子和細胞生理學教授布萊恩‧科比爾卡因對 G 蛋白偶聯受體（G Protein-Coupled Receptor, GPCR）的研究，而榮獲 2012 年諾貝爾化學獎。

　　審視 2011 年諾貝爾化學獎，以色列科學家丹‧謝克特曼獲獎的「準晶體」與材料學和物理相關聯；而今 2012 年諾貝爾化學獎，萊夫科維茨和科比爾卡獲獎的「G 蛋白偶聯受體」似乎涉及生理學、醫學和生物化學等不同領域，這種跨領域的現象，構成現今科學界的新美感。

　　數十年前，萊夫科維茨把放射性碘，黏接在不同的激素上，用以追蹤多種受體，包括 β 腎上腺素受體。他的研究小組將這種受體，從細胞膜外壁的隱蔽處抽出，並對它的作用機制有了初步的認識。由於發現它與眼睛捕捉光線能力的受體相似，因而敏銳的意識到，應該存有一整類，形態相似，作用機制也相同的受體。果不其然的確實是有一大群分佈在細胞膜上的蛋白，它們是會與 G 蛋白[1]產生信號連接的受體，也就稱為 G 蛋白偶聯受

---

[1] G蛋白（G Protein）是指鳥苷酸結合蛋白。它含有一個鳥苷酸結合結構域，由 α、β、γ 三個亞

體，代號 GPCR。

　　由於當時研究結果，只知道這些受體擁有相似的機制，不過卻埋藏在細胞膜內的跨膜區域裏，因此它們一方面可以接觸細胞膜外的訊息，一方面又可以與細胞膜內的物質發生作用，仿如一座橋樑般；然而暴露在細胞膜內，與細胞膜外的部分，則是千差萬別，教人無法辨識。所以想要挖掘出它們來，真是猶如大海撈針般的困難。

　　萊夫科維茨始終抱持著樂觀，與孜孜不倦的精神，企圖想揭開 GPCR 的神秘面紗。而拜現代分子生物學的拓展，與儀器分析的進步，將上述受體，運用仿生複製基因等技術，將它們分離出來，則是有賴傑出後進的加入。在他的研發團隊裏，所招收的博士後研究生科比爾卡，於是運用巧思、縝密的計畫與純熟的分析技術，終於確定出 β 腎上腺素受體編碼的特定基因。由於這類受體的共同點是其立體結構中，都有七個跨膜的 α 螺旋，它們能通過細胞膜 7 次，因此也被稱為七次跨膜受體 7TM。

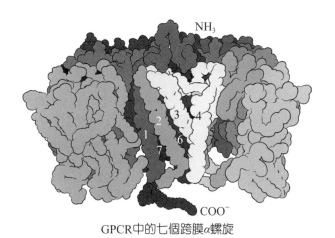

GPCR中的七個跨膜α螺旋

───────────────

基組成。激活狀態下的G蛋白可以激活腺苷酸環化苷系統（AC系統）產生第二信使cAMP，從而產生進一步的生物學效應。

　　真是皇天不負苦心人，這是值得付出終生的一項志業。因為此項突出的研究，可用於新藥的研發與製造。而誰能不生病呢？在人類用藥需求量不斷擴增，新藥的利潤極大的情況下，再加上市場上沒有壟斷者，因為它的技術門檻極高，不容易仿冒與取代，所以新藥的開發正充滿著無限的生機，與無窮的商機，在生物科技領域中，普遍被看好。

　　怎麼這樣說呢？原因是大約有 1000 種基因組密碼為 GPCR 編碼，這些受體涵蓋了光線、嗅覺、味覺、腎上腺素、組織胺、多巴胺還有血清素等多個領域。人體對光線、味覺和氣味的感受，大約半數借助 GPCR 發揮效用；其中約 350 種 GPCR 是偵測激素、生長因數和其他內源性配體；大約150 種 GPCR 有待挑戰，尚等測得它們的未知功能。

　　人能聞到咖啡的香味、品嘗到咖啡的美味，喝下咖啡後，心情感到輕鬆愉悅，都離不開受體的作用。目前約有 30%~50% 藥物都是通過 GPCR而實現鑰匙和鎖的藥效關係。其中 GPCR 相當於鎖，那麼 G 蛋白相當於鎖芯，配體[2]比如受質、抑制劑、激活劑和神經傳導物質等，則相當於鑰匙。例如：抗組織胺、潰瘍藥、β - 受體阻滯劑等。

　　儘管在製藥技術上的突破，和生物系統方面的瞭解，對於新藥的開發仍然是一個漫長、昂貴、困難、緩慢與低成效的過程。目前，研究及開發每一個新分子實體的成本大約是 18 億美元，雖需燒掉許多的錢，卻能提煉出更多的財富與健康來。很多新藥的作用都是針對某個標靶，作用於 GPCR的約占 40%。在上市的藥物中，比如治療有症狀的充血性心力衰竭藥物卡維地洛，抗高血壓藥物科素亞，乳腺癌藥物諾雷得等。

---

[2] 配體（Ligand）是通常本身具有其特別的生物活性，並且能和接受體（receptor）結合，呈現特異性的生物活性分子。大部分的藥物、維生素和毒物通常都以配體形式發揮生物學作用。

今日世界有多個實驗室，正在攻克 GPCR 的結構以及作用機制，以便設計未來新的藥物，使它們具有更快、更好的療效。

化學新思維

未來的藥物，最好是名符其實的仙丹妙藥。

保證吃下去不會苦，用針打進去也不會痛；將藥擦在傷口上，看起來像是美容、化妝般，既美觀、又漂亮。

這似乎是舊思維囉！還有就是一服見效，藥到病除。或者乾脆別用藥了，直接拿機器把病毒吸出來；要不就是照光後，立即就能使身體痊癒啦！

哈！異想天開，我沒作夢吧？！

應考能力
檢測

1. 鳥苷是由鳥嘌呤與核糖組成，鳥苷經過磷酸化之後可變成鳥苷酸，與鳥苷酸結合的蛋白稱為 G 蛋白。鳥苷、核糖與鳥嘌呤的分子結構、分子式與分子量，如表格裏所示：

名稱	鳥苷	核糖	鳥嘌呤
分子結構	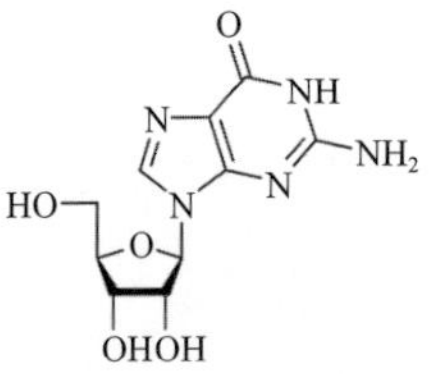	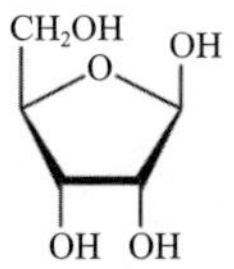	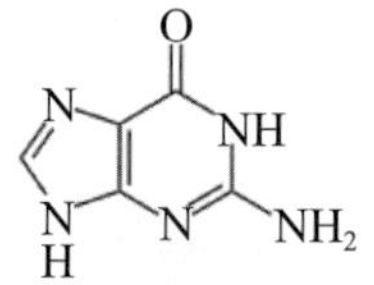
分子式	$C_{10}H_{13}N_5O_5$	$C_5H_{10}O_5$	$C_5H_5N_5O$
分子量	283	150	151

下列有關的敘述何項錯誤？

(A) 鳥苷的分子量 = 核糖的分子量 + 鳥嘌呤的分子量 – 水的分子量

(B) 鳥嘌呤的代號是 G，在 DNA 和 RNA 中都會出現

(C) 核糖是一種五碳醛糖，是 RNA 的組成物之一

(D) G 蛋白是由鳥苷酸聚合成的蛋白質

(E) 鳥苷的分子式 = 核糖的分子式 + 鳥嘌呤的分子式 – 水的分子式

2. 阿昔洛韋是由美國藥理學家格特魯德‧埃利恩發現的，她也因此成果，作為獲得 1988 年諾貝爾生理學或醫學獎的理由之一。它的分子結構為：

是一種抗病毒的藥物，常用來治療皰疹，因其極高的選擇性和低細胞毒性，而被視為是抗病毒治療的新時代開始，其結構類似下列何項分子？

(A)	(B)	(C)	(D)	(E)
腺嘌呤	尿嘧啶	鳥嘌呤	胸腺嘧啶	胞嘧啶

3. 鳥苷經過磷酸化之後可變成鳥苷單磷酸、環鳥苷單磷酸、鳥苷雙磷酸或鳥苷三磷酸。它們的名稱、代號、分子結構、分子式與分子量，如表格裏所示：

名稱	鳥苷單磷酸	環鳥苷單磷酸	鳥苷雙磷酸	鳥苷三磷酸
代號	GMP	cGMP	GDP	GTP
分子結構				
分子式	$C_{10}H_{14}N_5O_8P$	$C_{10}H_{12}N_5O_7P$	$C_{10}H_{15}N_5O_{11}P_2$	$C_{10}H_{16}N_5O_{14}P_3$
分子量	363	345	443	523

下列有關的敘述何項錯誤？（C = 12、H = 1、N = 14、O = 16）

(A) GMP、GDP、GTP 三者分子量依序遞增 80

(B) GMP、GDP、GTP 三者分子式依序遞增 HPO_3

(C) 可推出 P 的原子量為 31

(D) GMP 脫水環化形成 cGMP

(E) cGMP 分子內含去氧核糖的結構

4. 碘 -127 原子的電子殼層排布為 2.8.18.18.7 如圖所示：

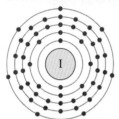

已知碘 −127 是穩定的，碘 −131 有放射性，把放射性碘附著到激素上，用以追蹤研究 G 蛋白偶聯受體；下列有關碘的敘述何者正確？

(A) 碘 −131 原子的電子殼層排布與碘 -127 原子完全相同

(B) 碘 −127、碘 -131 都是第六週期，第 7 族的元素

(C) 碘 −127 原子序是 53、碘 −131 原子序是 57

(D) 碘 −127 電子數是 53、碘 −131 電子數是 57

(E) 碘 −131 放出 α 射線後，可衰變成穩定的碘 −127

5. GPCR 中有七個跨膜 α 螺旋，下列有關 α 螺旋與 β 褶板的敘述何者錯誤？

(A) α 螺旋與 β 褶板都是蛋白質的二級結構

(B) 肽鏈上醯胺鍵的氫和羧基的氧，能形成 α 螺旋的內氫鍵

(C) α 螺旋與 β 褶板都能與水分子形成氫鍵

(D) 肽鏈上醯胺鍵的氫和羧基的氧，能形成 β 褶板間的氫鍵

(E) α 螺旋跨膜後會轉變成 β 褶板

6. 腎上腺素是一種激素和神經傳導物質。於藥品中，可用來搶救過敏性休克；搶救心臟驟停；治療支氣管哮喘；制止鼻粘膜和牙齦出血等。它的分子結構為：

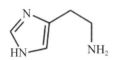

下列何者是腎上腺素的分子式、分子量？

(A) $C_7H_{11}NO_3$ 、157　　(B) $C_8H_{11}NO_3$ 、169　　(C) $C_9H_{13}NO_3$ 、183
(D) $C_9H_{15}NO_3$ 、185　　(E) $C_{10}H_{15}NO_3$ 、197

7. 組織胺的分子結構為：

它廣泛存在於動植物組織中，可影響許多細胞的反應，包括過敏，發炎反應，胃酸分泌等，也可影響腦部神經傳導，會造成人體想睡覺等效果。所謂抗組織胺藥物，可外用或內用，主要用於抗過敏或抗潰瘍。下列有關組織胺的敘述何者錯誤？

(A) 分子式 $C_5H_9N_3$　　(B) 分子量 111　　(C) 它是一種含胺基的分子
(D) 它是一種芳香烴分子　　(E) 它可溶於水中呈鹼性

8. 多巴胺是一種腦內分泌物，屬於神經傳導物質，可影響一個人的情緒。它的作用是把亢奮和歡愉的資訊傳遞，因為其作用特點，又被稱作快樂的物質。它的分子結構為：

下列何者是多巴胺的分子式、分子量？

(A) $C_7H_9NO^2$ 、139　　(B) $C_8H_9NO_2$ 、151　　(C) $C_8H_{11}NO_2$ 、153
(D) $C_9H_{11}NO_2$ 、165　　(E) $C_9H_{13}NO_2$ 、167

9. 血清素又稱 5- 羥色胺，簡稱為 5-HT，是一種重要的神經傳導物質，它與人類的一系列行為問題有關，同時也與性格和情感障礙有關。蘑菇與

蔬果中含有血清素。它的分子結構為：

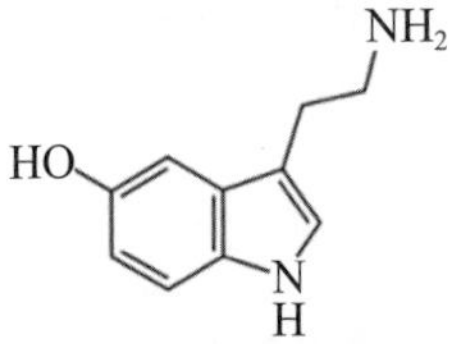

下列有關血清素的敘述何者錯誤？

(A) 分子式 $C_{10}H_{12}N_2O$

(B) 分子量 176

(C) 分子含胺基

(D) 分子含多個羥基

(E) 分子內含有碳 - 碳雙鍵

10. 咖啡因是一種中樞神經興奮劑，能夠暫時的驅走睡意並恢復精力。它存在於咖啡樹、茶樹的果實及葉片裡，少量的咖啡因也存在可可豆與可樂果裏。它的分子結構為：

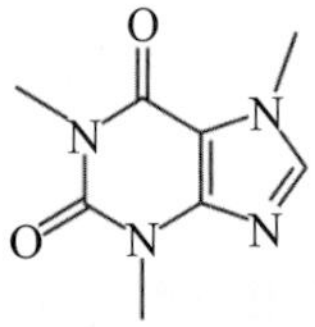

下列關咖啡因的敘述何者錯誤？

(A) 分子式 $C_8H_{10}N_4O_2$

(B) 分子量 194

(C) 分子含 3 個甲基

(D) 分子含 2 個羰基

(E) 分子間含有氫鍵

11. 卡維地洛為 α、β 受體阻斷劑；阻斷受體的同時，具有舒張血管作用。因此可作為治療輕度及中度高血壓或伴有腎功能不全、糖尿病的高血壓患者的藥物。其分子結構式為：

下列哪一種官能基，不在此藥物分子的結構中？

(A) 醚基　　(B) 苯基　　(C) 羰基　　(D) 羥基　　(E) 胺基

12. 諾雷得是一種人工合成之黃體荷爾蒙刺激素的類似物。它可抑制性激素
　──睪丸酮和雌二醇的分泌，從而使激素敏感性腫瘤萎縮。因此可作為
　治療前列腺癌或乳腺癌的藥物。其分子結構式為：

下列哪一種官能基，不在此藥物分子的結構中？

(A) 醚基　　(B) 羧基　　(C) 羰基　　(D) 羥基　　(E) 胺基

13. 現今科學界的新美感，大都跨領域結合，因此 2012 年獲頒的諾貝爾獎
　項中，有一項是對「G 蛋白偶聯受體的研究，影響製藥業的發展，對人
　體健康的維護有極大的貢獻」，是下列哪一項諾貝爾獎？

(A) 化學獎　　(B) 生理學或醫學獎　　(C) 和平獎　　(D) 經濟學獎
(E) 物理學獎

答： 1.(D)　2.(C)　3.(E)　4.(A)　5.(E)　6.(C)　7.(D)　8.(C)　9.(D)　10.(E)　11.(C)
12.(B)　13.(A)

化學新思維

幽默的化學雙關語

Q: Why are chemists great for solving problems?

A: They have all the solutions.

問：為什麼化學家那麼利害，能解決任何問題呢？

答：因為他們擁有所有的解決方案呀！

　　Y(^_^)Y

　　溶質（solute）＋溶劑（solvent）＝溶液（solution）

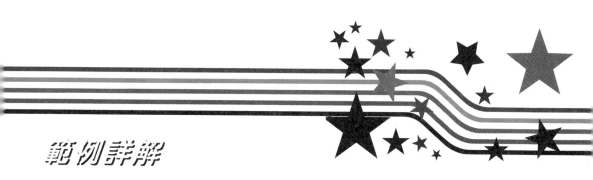

範例詳解

主題 1　氦原子

一、氦

Ans:

2. α 射線是氦的原子核可自週遭捕獲兩個電子，形成氦原子。

3. ppm $= 10^{-6}$、% $= 10^{-2}$；單位變大 10^{4} 倍，數字變小 10^{-4} 倍。

5. (B) 氦與六氟化硫的組成元素是不相同。

   (C) 氦是元素，六氟化硫是化合物。

   (D) 氦只有一種元素，因此不能用來說明定比定律，而六氟化硫是由兩種元素化合成，所以可用來說明定比定律。

   (E) 六氟化硫比空氣重，若填充入氣艇裏，會沉降在地面上，無法飄浮到高空中。因此特性，自 1990 年到 1996 年，SF_6 曾作為 Nike 氣墊鞋底的填充氣體，後來發現它會造成強烈的溫室效應，所以不再被採用。

6. (A) 分子量比 M_{SF_4}：$M_{S_2F_{10}}$：$M_{SF_6} = 108：254：146 = 54：127：73$。

   (B) 等莫耳數的分子中原子總數比 n_{SF_4}：$n_{S_2F_{10}}$：$n_{SF_6} = (1+4)：(2+10)：(1+6) = 5：12：7$。

   (C) 當硫的質量固定時，所含氟的質量比 W_{SF_4}：$W_{S_2F_{10}}$：$W_{SF_6} = 4：5：6$，此可說明倍比定律。

   (D) 當氟的質量固定時，則所含硫的質量比 W_{SF_4}：$W_{S_2F_{10}}$：$W_{SF_6} = 1/4：1/5：1/6 = 15：12：10$，也可說明倍比定律。

   說明：上述計算的方法是利用 (C) 硫的質量固定時，所含氟的質量比 W_{SF_4}：$W_{S_2F_{10}}$：$W_{SF6} = 4：5：6$。反過來說，氟的質量固定時，含硫的質量比為：$1/4：1/5：1/6 = 15：12：10$。

   (E) 等重量的分子中，含氟量由小到大，依序為：SF_4（70.4%）$< S_2F_{10}$（74.8%）$< SF_6$（78.1%）。

二、新能源-氦-3

Ans:

2. $^{3}_{2}He$ 的原子核內有 2 個質子、1 個中子，原子核外有 2 個電子。

3. $^{3}_{2}He$ 原子核內有 1 個中子，$^{4}_{2}He$ 原子核內有 2 個中子。

5. (A) 氘是氫的一種穩定形態的同位素。(B) 氘的原子核內有一個質子與一個中子，氫的原子核只有一個質子而沒有中子。

6. 氦 -3 與氦 -4 是同位素，算是同一種元素。

主題 2　臭氧分子

一、臭氧的發現與應用

Ans:

2.

	$3O_2$	$\rightleftarrows$	$2O_3$
反應前氣體體積	500		0
消耗與生成的氣體體積	$-3x$		$+2x$
反應後氣體體積	$500 - 3x$		$2x$

因為收集到的氣體總量為 350 毫升，所以 $500 - 3x + 2x = 350$，$x = 150$

產生臭氧　$2x = 300(mL)$，但消耗氧 $3x = 450(mL)$

轉換率為　$3x \div 500 = 450 \div 500 = 90\%$

3. 此 8 種粒子的化學式與中文名稱，分別為 (1)O 氧原子、(2)O_2 氧分子、(3)O_3 臭氧分子、(4)O^{2-} 氧離子或負二價氧離子、(5)O_2^- 超氧陰離子、(6)‧OH 氫氧自由基、(7)OH^- 氫氧根或氫氧離子、(8)H_2O_2 過氧化氫分子。

所以只有 1 種原子，即 (1) O；3 種分子，即 (2) O_2、(3) O_3、(8) H_2O_2；3 種離子，即 (4) O^{2-}、(5)O_2^-、(7) OH^-；與 1 種自由基，即 (6)‧OH。

二、臭氧的性質與功過

Ans:

2. 因為二氧化硫與臭氧為等電子粒子；價電子總數相等，都是 18 顆電子。

3. 同溫同壓下，同體積的臭氧與氧，分子數相同，所以臭氧是氧重量的 1.5 倍。臭氧微溶於水，在 0℃ 時的溶解度為 1.05 gL^{-1}；而氧比臭氧更難溶於水，在 0℃ 時的溶解度僅為 14.6 $\text{mg} \cdot \text{L}^{-1}$。

4. 雖然在 0℃ 時，臭氧於水中的溶解度是 1.05 gL^{-1}，僅微溶於水，但會轉化成氧，因此不能用排水集氣法收集。不過臭氧比空氣重，所以可採用向上排氣集氣法收集。

5. 臭氧與潮濕的碘化鉀澱粉試紙反應式為：

$O_3 + 2\,KI + H_2O \rightarrow I_2 + 2\,KOH + O_2$、$I^- + I_2 \rightleftarrows I_3^-$ 可使澱粉變藍色。

主題 3　奈米鈣

一、什麼是奈米鈣

Ans:

1. $(2 \text{ 微米} \div 10 \text{ 奈米})^3 = \left(\dfrac{2 \times 10^{-6}}{10 \times 10^{-9}}\right)^3 = 8 \times 10^6$ 。

2. 1 個 Ca^{2+} < 1 個 Ca < 1 顆奈米鈣 < 1 顆微米鈣。

3. 鮮奶中含維生素 D_3 為 1000ppm。

4. 含鈣質量比為 $W_{CaCO_3} : W_{CaC_2O_4} = 1 : 1$ 。

5. 完全反應後，消耗掉鹽酸的體積，分別是甲燒杯 0.8 公升，乙燒杯 0.4 公升。

二、鈣片

Ans:

1. 碳酸鈣的含鈣量百分比為 40.0%。

2. (A)、(B) 依據原子不滅，平衡反應方程式為：$2 C_6H_8O_7 + 3 Ca(OH)_2 \rightarrow Ca_3(C_6H_5O_7)_2 \cdot 4H_2O + 2 H_2O$ 。

   (C) 製造出的鈣片 $Ca_3(C_6H_5O_7)_2 \cdot 4H_2O$ 含鈣量百分比為 21.1%。

   (D) 1 莫耳鈣片 $Ca_3(C_6H_5O_7)_2 \cdot 4H_2O$ 含原子總數為 51 莫耳。

   (E) $Ca_3(C_6H_5O_7)_2 \cdot 4H_2O$ 的分子量為 570。

3. 因為蘋果酸是雙質子酸，所以只需一個蘋果酸分子與鈣離子化合，即可形成螯合物。

4. (D) 羥基磷灰石所含元素質量百分比最高的是氧 41.43%，最低的是氫 0.20%。

5. (D) 等質量時，含鈣量：磷酸鈣（$\dfrac{1}{310} \times 40 \times 3 = 38.7\%$）> 磷酸氫鈣（$\dfrac{1}{136} \times 40 = 29.4\%$）> 磷酸二氫鈣（$\dfrac{1}{234} \times 40 = 17.1\%$）。

三、補鈣劑

Ans:

1. (A) 重量百分濃度 $W_{乳酸} : W_{木糖醇} = \dfrac{0.006}{1000} : \dfrac{0.006}{1000} = 1 : 1$ 。

   (B) 體積莫耳濃度 $M_{乳酸} : M_{木糖醇} = \dfrac{\frac{6}{90}(\text{mmol})}{1(L)} : \dfrac{\frac{6}{152}(\text{mmol})}{1(L)} = 152 : 92 = 76 : 45$ 。

(C) 混合水溶液中溶質總濃度為 $\frac{(0.006+0.006)g}{1000g}=\frac{12}{1000000}=12$ ppm。

(D) 混合水溶液中所含乳酸的分子數 $\frac{6}{90}$ (mmol) ≒ 0.067 毫莫耳，大於木糖醇的分子數 $\frac{6}{152}$ (mmol) ≒ 0.039 毫莫耳。

(E) 因為一個乳酸分子含 3＋6＋3＝12 個原子，一個木糖醇分子含 5＋12＋5＝22 個原子，所以原子總數比 n 乳酸：n 木糖醇 ＝ 12：22 ＝ 6：11。

2. 因為每 1000 毫升即 1 公升的溶液中，含有 9.3 公克的鈣離子，相當於 9.3÷40 ＝ 0.233（莫耳）的鈣離子，所以體積莫耳濃度為 0.233M。

4. (A) 珊瑚鈣是混合物。(B) 鈣與鉛是主族元素的金屬，汞是過渡元素的金屬。(E) 等質量的碳酸鹽所含金屬離子質量比為 $W_{Ca^{2+}}:W_{Hg^{2+}}:W_{Pb^{2+}}=\frac{40}{100}:\frac{201}{261}:\frac{207}{267}$。

主題 4　核能

一、核能概述

Ans:

1. 因為 ½×½×½×½ ＝ $(½)^4$ ＝ 6.25%，所以是歷經了 4 個半生期。計算 5730×4 ＝ 22920，也就是火山爆發距今 22920 年。

2. 將數據代入公式 $E=mc^2$ 計算，可轉換出 (0.001 kg) $(3×10^8$ m/s$)^2$ ＝ $9×10^{13}$ (J) ＝ $9×10^{10}$ (kJ) 的能量。

3. 設 $^{10}_5B$ 在自然界裏佔 x，$^{11}_5B$ 佔 1－x，因此 10x＋11·(1－x) ＝ 10.8，解得 x ＝ 0.2，所以 $^{10}_5B$ 佔 20%、$^{11}_5B$ 佔 80%。

4. 鈽-238 無論是以元素或化合物的型態，只要鈽的質量相等，放射性的強度也都相同。

二、生活中的核能與輻射

Ans:

2. (A) β 粒子需用鋁箔或 1 公分厚的塑料才能阻擋住。(C) β 粒子的大小與質量和電子相同，比 α 粒子還小且輕。(D) β 衰變後，每個原子核內，將失去一個中子，增加一個質子並增加一個正電荷。(E) 一個原子中，β 粒子的個數與原子序無關。

3. 需自原子核釋出一個電子，才能使原子核增加一個質子。

4. 香菸裡含釙，無論是否吞雲吐霧，都會釋出 α 粒子；若吸菸過量，則會損傷呼吸道，誘

發肺癌。

5. 誤食鈽中毒而死，鈽仍會在屍體內釋出 α 粒子。

三、應用核能的儀器

（一）離子感應式煙霧偵測器

Ans:

1. $^{241}_{95}\text{Am} \rightarrow ^{237}_{93}\text{Np} + ^{4}_{2}\text{He} + ^{0}_{0}\gamma$。

2. 火災時的煙霧，通常是燃燒不完全所生成的細微碳粒；而不是像乾冰所製造出的水霧，會再蒸發成看不見的水蒸氣。

3. 鋂易失去兩個電子，與空氣中的氧化合成氧化鋂。

（二）蓋革計數器

Ans:

2. 氦、氖、氬全都位於週期表的第 18 族。

（三）粒子加速器

Ans:

1. 兩核反應方程式分別為：$^{4}_{2}\text{He} + ^{72}_{13}\text{Al} \rightarrow ^{30}_{15}\text{P} + ^{1}_{0}\text{n}$ 和 $^{30}_{15}\text{P} \rightarrow ^{30}_{14}\text{Si} + ^{0}_{+1}\beta$。

2. 由於碘 -131 具有放射性，才能用來診斷與治療甲狀腺腫瘤，並且只有碘離子符合路易斯電子點的八隅體結構，一般與生理體液有關的是離子，所以答案為 (E)。

3. 此核反應方程為：$^{60}_{27}\text{Co} \rightarrow ^{60}_{28}\text{Ni} + ^{0}_{-1}\beta + ^{0}_{0}\gamma$。

（四）X光機

Ans:

1. X 射線的能量不足，需用 γ 射線才能殺死食品中的昆蟲、卵及幼蟲。

3. (A) X 光機需啟動電源，激發原子核外的電子，才會釋出 X 光。(B) X 光機需要通電、啟動後，才會釋出 X 光；而為防止輻射外洩，通常周圍會加鉛板，作成屏蔽。(C) 新購置的 X 光機，所釋放出的輻射線，是通電後激發電子撞擊金屬靶轉化成的。(E)X 射線是由原子內層電子躍遷所產生的光子，γ 射線則是來自於原子核的衰變。

4. 鈾的電子排布只有在 K、L、M、N 層為全滿。

5. 最內第五層，最多可達 $2 \times 5^2 = 50$ 個電子，才會全滿。

（五）正子電腦斷層掃描儀

Ans:

1. $^{18}_{9}F$ 的質量數是 18，$^{19}_{9}F$ 的質量數是 19。

2. ^{18}F-FDG 只是用來偵測、診斷，人體內細胞代謝葡萄糖的情形。

主題 5　元素的歌

Ans:

2. 微粒是 $^{23}_{11}Na$ 原子。

3. 惰性氣體中 He 只有 2 個價電子。

4. (B) O_2 與 O_3 混在一起是兩種不同分子的混合物。(C) 由 $^{16}_{8}O$、$^{17}_{8}O$、$^{18}_{8}O$ 三種原子所組成的 O_2，只有一種分子，所以是純物質。(D)$^{16}_{8}O$、$^{17}_{8}O$、$^{18}_{8}O$ 三種原子，M 層電子數都是 0。(E) $^{16}_{8}O$、$^{17}_{8}O$、$^{18}_{8}O$ 是同位素，O_2、O_3 是同素異形體。

5. (A) 一個 $^{48}_{22}Ti$ 原子含有 26 個中子。(B) 一個 Ti 原子均有 22 個電子。(D) Ti 是元素，Ti 合金是混合物。(E) 一個 Ti 原子含有 22 個質子。

6. (D) 鐽是人工合成的重金屬放射性元素，極易衰變為其他元素，因此在自然條件下，無此元素的存在。只有在實驗室合成後，短暫存在。

7. (E) 鎶 Cn 第 7 週期、12 族、非鋼系元素。

9. (D) 元素符號 Lv，注意第二個字母需小寫：它是以合成 Lv 元素的實驗室所在地，美國利弗莫爾市（Livermore, USA）為名。(E) Lv 釋出 α 射線後轉變成 Fl 反應式為 $^{292}_{116}Lv \rightarrow ^{288}_{114}Fl + ^{4}_{2}He$。

10.(B) 位於週期表第 17 族的元素。

主題6　鎂光燈與氖氣燈

Ans:

1. 氮氣是不活潑的氣體，常溫下不易與鎂發生反應，生成黃色的氮化鎂。

2. (A) Mg_3N_2 是離子化合物，不是單一分子。

3. (C) 示性式一般用在有機化合物，而 $Mg(OH)_2$ 與 NH_3 是無機化合物。

4. (D) 生成物有 $MgCl_2$ 和 H_2O。(E) 0.58g 的 $Mg(OH)_2$ 與 0.73g HCl 中和，依質量守恆定律可得 0.95g 的 $MgCl_2$ 和 $0.36H_2O$。

5. (A) 反應方程式應為：$2\ KClO_3 \xrightarrow{MnO_2} 3O_2 + 2KCl$。(B) MnO_2 是催化劑，雖參與反應，但是反應前後仍為 MnO_2；只是加速 O_2 生產，但總量不變。(D) 1.0 mol 的 $KClO_3$ 可釋放出 1.5mol 的 O_2。(E) 2.45g 的 $KClO_3$ 可釋放出 0.96g 的 O_2。

6. 物以稀為貴。

7. (A) 無論氖氣來自何處，它所發出的色光都是一樣的；由此可對照物質的光譜，分析或鑑定出未知物所含的成分；同理可推知，太陽裏一定含有氦氣的存在，只是氦光不等同於太陽光。(C) 氖氣燈與太陽發出的光，都是多色光。

8. 氦是原子，砷化鎵是離子化合物，非單分子結構。

主題 7　涼感衣與發熱衣

一、涼感衣——coolfeel冷唷！

Ans:

3. 溫度上升可使反應物的能量升高，促使反應速率加快；所以無論是放熱或吸熱反應，反應速率都會增加。

二、發熱衣——hold住熱！

Ans:

3. 傳統陶瓷原料有粘土、氧化鋁、高嶺土等；奈米陶瓷的原料主要以高純、超細人工合成的無機化合物為原料，例如：氧化物、氮化物、硼化物和碳化物等。

4. 電磁輻射可按波長分類，從短波長到長波長，包括：γ 射線、X 射線、紫外線、可見光、紅外線、微波和無線電波等；紅外線一般還可分為：近紅外線、短波長紅外線、中波長紅外線、長波長紅外線、遠紅外線等。

6. ①、②、③為吸熱反應，而④、⑤為放熱反應；式⑤則可表示為 $CH_{4(g)} \rightarrow C_{(s)} + 2H_{2(g)} + (-Q_5)$。

7. 依據赫斯定律：將 (1) × 2 + (3) × 2 − (2) 即得 $2C_{(s)} + 2H_{2(g)} + O_{2(g)} \rightarrow CH_3COOH_{(l)}$ 方程式的反應熱，$\Delta H = (-393.5) \times 2 + (-285.8) \times 2 - (-870.3) = -488.3(kJ)$。

8. 由於①為放熱反應 $\Delta H_1 < 0$；又②為吸熱反應 $\Delta H_2 > 0$；依據 (I)、(II)、(III) 三個反應，分析可得 $2(III - II) = \Delta H_1 < 0$，即 $2(-Q_3 + Q_2) < 0$，$Q_3 > Q_2$；$2(III - I) = \Delta H_2 > 0$，即 $2(-Q_3 + Q_1) > 0$，$Q_1 > Q_3$，所以 (A) 正確。

9. (B)、(C)、(D)、(E) 都是化學變化。

10.(A) 發熱衣裏水蒸氣凝結成水的過程是物理變化，因此分子組成不變。(C) 化學反應中，能量變化多少與其反應量的多寡有關。(D) 化學變化中的能量變化有時可以熱能、光能、電能等多種形式表現出來。(E) 赫斯定律又名反應熱加成定律為：即反應熱只和起始狀態與最終狀態有關，而與變化的路徑無關。

主題 8　整人的酸鹼

一、尿

Ans:

1. 尿在空氣中擺久後，會氧化變酸，使得 pH 值降低。

2. 氨水溶液是鹼性 pH 值大於 7，尿素、氯化鈉、葡萄糖溶液是中性 pH 值等於 7，尿酸溶液是酸性 pH 值小於 7。

3. 換算 $18\text{ppm} = \dfrac{\dfrac{18 \times 10^{-3}\text{g}}{180\text{g/mol}}}{1\text{L}} = 10^{-4}\text{M}$，由於葡萄糖水溶液為中性，所以 pH = 7。

主題 9　漂白劑

Ans:

6. 天然竹筷發霉，會產生毒素，危害健康。

7. 二氧化氯會與水作用，比空氣重，應用向上排空氣集氣法收集。

10.尿素分解出氨與二氧化碳，不是氧化還原反應。

11.平衡方程式可得：$N_2O_4 + 2N_2H_4 \rightarrow 3N_2 + 4H_2O$，所以 1 + 2 + 3 + 4 = 10。

主題 10　維生素C與維生素E

一、維生素C

Ans:

1. (C) 天然維生素 C 每瓶動輒幾百元甚至上千元，合成維生素每瓶只需幾十塊錢。(E) 俗話說「是藥三分毒」，無論合成或天然的維生素 C 也不例外，服用過量都會引起中毒。

2. 在碳氫氧化合物加氫的反應裏，氫是作為還原劑。

3. 維生素 C 是極性分子，易溶於水，難溶於體脂肪。

4. (A) 發泡錠水溶液呈酸性。(B) 產生氣泡的主
要成分是二氧化碳。(C) 因為碳酸鈣含有碳酸
根，碳酸氫鈉含有碳酸氫根，遇酸性的維生素
C，都會產生二氧化碳氣體，反應方程式為：
$CO_3^{2-} + 2H^+ \rightarrow CO_2 + H_2O$、$HCO_3^- + H^+ \rightarrow CO_2 +$
H_2O。(D) 維生素 C 是無色，氧化變質後依然是無色。(E) 碳酸鈣與碳酸氫鈉為發泡劑，
不能增強維生素 C 的抗氧化力。

5. (B) 火焰高溫雖可滅菌，但烤過的肉絕非無菌。(C) 在酸性仍有適合生存與可孳生的細菌。
(D) 檸檬酸的結構式為，它是一種天然防腐劑，受熱後不會轉化成維生素 C。(E) 維生素
C 可作為抗氧化劑，只能減緩食品分解變質的速率。

主題 11　八隅體的歷史本文

Ans:

1. (B) 三氟化硼是分子化合物。(C) 硼通常為 +3 價。(D) 氟一般是得到 1 個電子，形成 -1
價的陰離子。(E) 氟與硼都屬於第二週期的元素。

3. O＝S＝O ⟷ O＝S＝O

6. 因為 F 原子太小，以 F 為中心原子，最多只能容納 8 個價電子，所以 F_3^- 離子最不合理。

7. 此陰離子團帶 2 個負電荷，其價電子一共有 32 個；扣掉 3 個 O 原子所擁有的 18 個價電
子，以及 2 個負電荷，還剩下 12 個，因為 X 有兩個，所以除以 2 等於 6，故選價電子數
為 6 的 S。

8. 此分子的價電子一共有 24 個，扣掉 F 的 7 個、N 的 5 個，還剩下 12 個，因為 X 有兩
個，所以除以 2 等於 6，故選價電子數為 6 的 O。

9. 此陰離子團帶 2 個負電荷，其價電子一共有 38 個；扣掉 4 個 O 所擁有的 24 個價電子，
以及 2 個負電荷，還剩下 12 個，因為 X 有兩個，所以除以 2 等於 6，故選價電子數為 6
的 S。

13.(E) 磷化氫、硫化氫、氯化氫分子中依序分別有 3、2、1 對鍵結電子對。

主題 12　三聚氰胺

Ans:

1. (D) 三聚氰胺結構式中含 3 個雙鍵、12 個單鍵。

4. (B) 苯的共振結構式，如圖所示： 。

5. (E) 一般共價網狀晶體原子間全是共價鍵，例如：鑽石、石墨、二氧化矽。而氰尿酸與三聚氰胺分子間為氫鍵作用，猶如 DNA 的鹼基對間為氫鍵作用般，它所生成的是大分子複合物。所以氰尿酸三聚氰胺不是共價網狀晶體。

8. (E) 由於複合物氰尿酸三聚氰胺可能導致腎結石，因此難溶於水。

主題 13　碳化鈣、碳化鎢、氮化硼

一、碳化鈣

Ans:

1. (D) 碳化鈣是離子化合物。

2. 先將 900 公斤的氧化鈣

換算為 $\dfrac{900000g}{56g/mol} = 16071$ mol，即相當於約 16071 莫耳的氧化鈣

另 900 公斤的碳

換算為 $\dfrac{900000g}{12g/mol} = 75000$ mol，即相當於 75000 莫耳的碳

	CaO	+	3C	→	CaC$_2$	+	CO
反應前的莫耳數	16071		75000		0		0
消耗與生成的莫耳數	−16071		−48213		+16071		+16071
反應後的莫耳數	0		26787		16071		16071

因此可製得大約 16071 莫耳的碳化鈣

換算為 16071 mol × 64g/mol = 1028544g ≒ 1029kg，即製得大約 1029 公斤的碳化鈣。

3. (B) H_2O 和 C_2H_2 是分子式。(C) C_2H_2 可用排水集氣法收集。(D) H_2O、C_2H_2 原子間的鍵結是共價鍵。(E) CaC_2、$Ca(OH)_2$ 原子間的鍵結有離子鍵與共價鍵。

4. (A) 能吸收空氣中的二氧化碳後，生成白色膠體碳酸鈣。(B) 水溶液呈強鹼性，能使土壤的 pH 值升高。(C) 氫氧化鈣俗名熟石灰，強熱、脫水後，可製得氧化鈣。(D) 氫氧化鈣水溶液遇酚酞指示劑呈紅色。(E) 因為是強電解質，所以其水溶液可以導電

5. 有 5 種化合物含有碳原子，有 4 種化合物含有氫原子。此七種化合物的性質如表所示：

中文名	碳化鈣	乙炔	乙烯	氫氧化鈣	氧化鈣	碳酸鈣	碳酸氫鈣
化學式	CaC_2	C_2H_2	C_2H_4	$Ca(OH)_2$	CaO	$CaCO_3$	$Ca(HCO_3)_2$
常溫常壓下的狀態	固體	氣體	氣體	固體	固體	固體	固體
原子間的鍵結	離子鍵、共價鍵	共價鍵	共價鍵	離子鍵、共價鍵	離子鍵	離子鍵、共價鍵	離子鍵、共價鍵
化合物的類型	離子化合物	分子化合物	分子化合物	離子化合物	離子化合物	離子化合物	離子化合物
加入水中的現象	反應產生乙炔氣體	難溶於水	難溶於水	微溶於水	產生 $Ca(OH)_2$ 微溶於水	產生沉澱	溶於水中

三、氮化硼

Ans:

1. (A) 它的晶體與鑽石類似，不導電、易導熱。(B) 氮化硼 BN 是簡式。(C) 氮與硼間為共價鍵。(E) 鑽石比立方氮化硼硬。

2. 六方氮化硼可做絕緣材料，因此導電性差。

3. (A) 未鍵結原子半徑的大小為：氮 r_N < 碳 r_C < 硼 r_B。(B) 氮屬於 15 族、硼屬於 13 族、碳屬於 14 族。(D) 原子量的大小為：硼 M_B < 碳 M_C < 氮 M_N。(E) 氮有 5 個價電子、硼有 3 個價電子、碳有 4 個價電子。

4. 在環硼氮烷裏由於氮原子小於硼原子，所以氮與氫間的共價鍵長小於硼與氫間的共價鍵長。

5. 單層六方氮化硼薄膜是絕緣體，而石墨烯是良導體。

主題 14　鋁合金

Ans:

1. (B) 鋁合金裡面還含有少量矽。

2. (D) 鈧是位於週期表第四週期的元素。

6. (E) 鋯為過渡金屬元素。

7. 位於週期表的族數比：鎂（第 2 族）<鎳（第 10 族）<銅（第 11 族）<鋁（第 13 族）。

8. (B) 特例：鈉鉀合金是液態，可作為冷卻劑，應用於實驗室的快中子反應器中。

9. (E) 玻璃易碎，沒有延展性，「液態金屬」的強度卻高於鋼，硬度超過高硬工具鋼，且具有一定的韌性和剛性。所以金屬玻璃號稱「敲不碎、砸不爛」的「玻璃之王」。

主題15　麥克筆

Ans:

1. (D) 木材含有 C、H 和 O 時只有共價鍵。

3. (A) 鄰甲酚、(B) 苯甲醚、(C) 間甲酚、(D) 苯甲醇、(E) 對甲酚。

4. 丙酮可與水依任意比例互溶。

5. 鈦白粉的化學式為 TiO_2。

6. (B) 二氧化鈦簡式 TiO_2，硫酸鈣簡式 $CaSO_4$。(E) 二氧化鈦的原子間只有離子鍵，硫酸鈣的原子間有離子鍵與共價鍵。

8. 硝酸銀的化學式為 $AgNO_3$，所含元素重量百分比最高的是 Ag，為透明無色晶體鹽類，不可燃燒。

主題16　瘦肉精、嫩精、塑化劑

一、瘦肉精

Ans:

2. (A) 一個分子含 3 個羥基。(B) 它不是多烯類而是一種芳香族的衍生物。(D) 它是二級胺分子。(E) 它不是胺基酸分子。

5. 因為 $1ppm = 1 \times 10^{-6}$，所以 $50 \times 10^{-9} = 0.05 \times 10^{-6}$，即 $5 \times 10^{-2}ppm$。

二、嫩精

Ans:

1. (A) 木瓜蛋白酶都是自天然水果中萃取而得。

2. (B) 有一些被稱為核酶（ribozyme）的 RNA 分子，不屬於蛋白質的結構，但是具有催化劑的功能。因此核酶的發現，對於所有酶都是蛋白質的傳統觀念，提出了挑戰。而核酶是由托馬斯‧切赫和雪梨‧奧爾特曼研究發現，它倆因對 RNA 催化劑研究的突出貢獻，共同榮獲 1989 年度諾貝爾化學獎。(D) 加酶洗衣粉在衣物上、木瓜蛋白酶在肉片裏皆能發揮作用。

3. (B) $C_{54}H_{82}O_4$ 分子量是 794。

4. (D) 苯丙胺酸不具醯胺鍵、阿斯巴甜分子只有 1 個醯胺鍵。

5. (B) 包含 2 個醯胺鍵。

6. (B) 胱胺酸的一半是半胱胺酸，因此胱胺酸的分子式是 $C_6H_{12}N_2O_4S_2$ 分子量是 240。(D) 胱胺酸是由兩個半胱胺酸，鍵結形成 1 個雙硫鍵；因為沒有醯胺鍵，所以不是二肽。

7. 打斷此多肽的醯胺鍵，如圖所示，水解可得 5 種胺基酸。

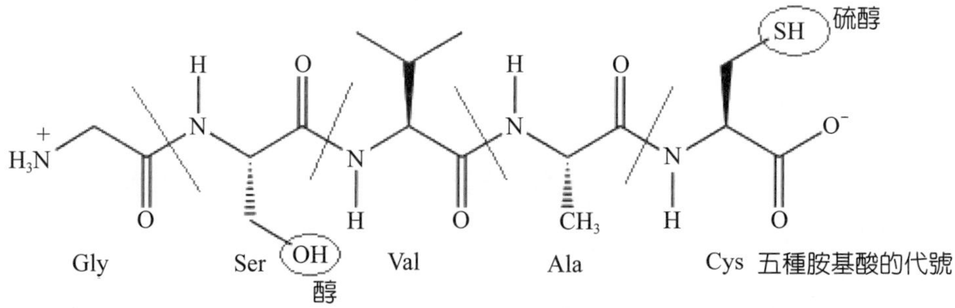

| Gly | Ser 醇 | Val | Ala | Cys 五種胺基酸的代號 |

三、塑化劑

Ans:

1. (E) 等質量 2- 乙基己基醇與鄰苯二甲酸二（2- 乙基己基）酯的分子數比為 3：1。

2. 因為鄰苯二甲酸酐分子量是 148，所以消耗原料鄰苯二甲酸酐約：

$$148 \times 7.7 \times 10^9 = 1.14 \times 10^{12}（公克）= 1.14 \times 10^6（公噸）。$$

3. 因為水的分子量是 18，所以產生工業廢水約：

$18 \times 7.7 \times 10^9 = 1.39 \times 10^{11}$（公克）$= 1.39 \times 10^5$（公噸）。

4. $0.000039\% = 0.39 \times 10\text{-}6 = 0.39\text{ppm}$。

5. 因為 $500\text{mL} = 0.5\text{L}$ 所以 $\dfrac{0.078\text{mg}}{0.5\text{L}} = 0.156\text{ ppm}$。

6. 因為 $500\text{mL} = 0.5\text{L}$ 所以

$\dfrac{0.45 \times 10^{-3}\text{mg}}{0.5\text{L}} = 9 \times 10^{-4}\text{ppm} = 0.9\text{ppb} < 6\text{ppb}$。

主題17　液態OK繃

Ans:

3. 如表所示：

名稱	苯甲醇	丙酮	硝基甲烷	二甲基亞碸	二氯甲烷
分子式	$C_6H_5CH_2OH$	$(CH_3)_2CO$	CH_3NO_2	$(CH_3)_2SO$	CH_2Cl_2
分子量	108	58	61	78	85

4. 蓖麻油是一種三酸甘油酯分子，不是聚合物。

6. (A) 只有聚甲基氰基丙烯酸酯和塑膠兩者是聚合物，但玻璃不是聚合物。

7. (A) 硝基為 $-NO_2$，而硝化纖維素所含的官能基應是硝酸酯，並非是硝基；硝酸酯的化學

式為 $RONO_2$，結構式為 $R_O{\overset{\displaystyle O}{\overset{\|}{N}}}{}^+_{O^-}$。

8. (D) 硝化纖維素是用濃硫酸做催化劑，將纖維素和硝酸混合製得，所以是有機物的衍生物。

9. (B) 兩個苯上的氯，1 個氯在間位、2 個氯在對位。

主題 18　生物燃料、真酒與假酒

一、生物燃料

Ans:

2. $H(C_6H_{10}O_5)_n\,OH + (n-1)\,H_2O \rightarrow n\,C_6H_{12}O_6$。

4. 上述反應方程式為：$2C_2H_5OH + O_2 \rightarrow 2CH_3CHO + 2H_2O$。由於 C_2H_5OH 減少 2H，生成 CH_3CHO，所以為還原劑。

5. (B) 依據亞佛加厥定律，同溫、同壓下，等體積的理想氣體，含有相同莫耳數的分子，意

即相同個數的分子，因此乙醇與甲醚所含分子數比應為 1：1。

二、真酒與假酒

Ans：

1. 石油中的碳歷經多年的蛻變，成為大量幾乎不含碳 -14 的所謂「死碳」；活的植、動物一直持續吸收與排放大氣中的碳，也因此可保持與大氣相同的碳 -12 與碳 -14 的比值。

5. 如圖所示：

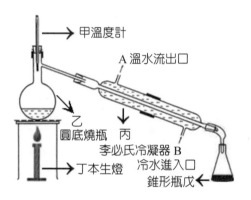

7. 因為 $C_6H_{12}O_6$ 的分子量等於 180，所以 900 克的葡萄糖，相當於 $900 \div 180 = 5$ 莫耳的葡萄糖。依據方程式：$C_6H_{12}O_6 \rightarrow 2C_2H_5OH + 2CO_2$。由於係數比等於莫耳數比，因此 n $C_6H_{12}O_6$：$n C_2H_5OH = 1：2 = 5：x$，計算可得 x=10，又 C_2H_5OH 的分子量等於 46，所以可產生 460 克的酒精。

主題 19　鈉-硫電池、核電池

一、鈉-硫電池

Ans：

1. (B) 電解融熔氯化鈉負極生成鈉，正極生成氯。

2. (C) 鈉原子半徑（190pm）大於硫原子半徑（88pm）。

3.

物質名稱	鈉	硫	氧化鋁
化學式	實驗式 Na	分子式 S8	實驗式 Al_2O_3
原子間的鍵結	金屬鍵	共價鍵	離子鍵
熔點（℃）	98	115	2072
摩氏硬度	0.5	2（硫磺）	9（剛玉）
固體導電性	佳	差	差

4. (E) 鈉是金屬導體，而硫是非金屬絕緣體。

5. (D) 電解濃食鹽水不用加熱，只需通過直流電。

二、核電池

Ans:

2. (D) 鈽 -238 衰變出 α 射線後，可變成原子序 92 的鈾 -234。

4. (B) 一顆氚核電池使用 20 年後仍能放出 β 粒子，只是數量約減少了四分之三，電力變弱。

5. (E) 氚 -3 的中子數 2，氦 -3 的中子數 1，不相同。

主題 20　蝸牛電池

Ans:

4. (A) 氧可經由呼吸，自空氣中得到。

5. (E) 由於太空中沒有空氣，蟑螂無法生存，因此也不能發電。

主題 21　倫敦奧運的化學

一、最綠色的奧運會建築

Ans:

2. 地殼中的元素含量，最多者為氧 O、再依序為矽 Si、鋁 Al、鐵 Fe。

3. 鐵的原子序 26 位於週期表的過渡金屬元素區。

4. 使用焦炭是用作煉鐵的燃料，假設與赤鐵礦反應，反應方程式為 $3C + Fe_2O_3 \rightarrow 2Fe + 3CO$，其中 C 氧化成 CO，因此焦炭可同時兼作還原劑。

5. 鐵生銹需要有氧和水。

6. 因為鋁比鐵易失去電子，所以鋁可作為陽極犧牲，保護作為陰極的鐵。

7. (A)(C)(E) 因為鋅的活性大於鐵，當 Zn 片發生氧化半反應：$Zn \rightarrow Zn^{2+} + 2e^-$，$Zn^{2+}$ 遇赤血鹽可產生 $Zn_3[Fe(CN)_6]_{2(s)}$ 白色沉澱；繞鋅片的鐵釘兩端發生還原半反應：$O_2 + 2H_2O + 4e^- \rightarrow 4OH^-$，$OH^-$ 遇到酚酞呈現紅色。

   (B)(D) 因為鐵的活性大於銅，繞銅線的鐵釘兩端發生氧化半反應 $Fe \rightarrow Fe^{2+} + 2e^-$，赤血鹽遇到 Fe^{2+} 離子會變深藍色沉澱，反應式為 $Fe^{2+} + [Fe(CN)_6]^{3-} \rightarrow Fe^{3+} + [Fe(CN)_6]^{4-}$、$4Fe^{3+} + 3[Fe(CN)_6]^{4-} \rightarrow Fe_4[Fe(CN)_6]_3$ 或寫成 $4Fe^{3+} + 3[Fe_2+(CN)_6]^{4-} \rightarrow Fe^{3+}[Fe^{3+}Fe^{2+}(CN)_6]_3$；銅線處發生還原半反應：$O_2 + 2H_2O + 4e^- \rightarrow 4OH^-$，$OH^-$ 遇酚酞呈現紅色。

8. 由於屋頂是採用回收木做成的，波浪狀的纜索結構設計，所以可以判斷其屋頂的建材，主要成分為纖維素。

9. 洋芋片中含有澱粉，因此加碘液會呈現出藍黑色。

10. 人體內沒有能消化八羧酸蔗糖脂的酵素，因此無法消化、代謝與吸收此人工食品，產生熱量。

二、倫敦奧運會火炬

Ans:

1. 燃燒的三要素為：溫度要達燃點、要有助燃物、要有可燃物；火炬內裝的燃料丙烷和丁烷，可適應比較寬的溫度範圍，再加上鏤空的通風設計，無論強風和大雨下，仍可保持燃燒。

2. 丙烷和丁烷皆為 C 與 H 的化合物，來自石油分餾的產物，為有機化合物。

3. 鋁易與氧化合，在表面生成緻密的氧化物薄膜，成分為氧化鋁 Al_2O_3，所以通常略顯銀灰色，平日常見的鋁製品，表面均已被氧化，而其氧化薄膜，又使鋁不易被腐蝕。

三、倫敦奧運會的吉祥物

Ans:

1. (A) 羊毛燃燒時會捲曲，且冒黑煙，殘渣成捲曲狀，如同羽毛、頭髮燒焦的臭味。聚酯纖維燃燒時會先熔化再燃燒，燃燒後纖維末端結成球狀，沒有特殊的氣味。(B) 純羊毛的吸水性和透氣性比聚酯纖維好。(C) 純羊毛和聚酯纖維，皆含有 C、H、O 的聚合物，屬於有機材料。(E) 純羊毛不易產生靜電效應，而合成聚酯纖維易產生靜電效應。

4. 動物纖維的主要成分為蛋白質，故含 C、H、O、N 等元素，燃燒後一般會生氨臭味，例如：蠶絲；而羊毛纖維中還含有 S 原子，故會產生硫化物的臭味。

5. (A) 棉纖維的成分是纖維素，因此燃燒時沒有臭味。(B) 蠶絲纖維的成分為蛋白質。(D) 動物性纖維的成分為蛋白質，製成的衣物若遇高溫、酸性或鹼性（肥皂 pH 值大於 7）溶液都容易變質與變色。(E) 天然纖維吸水、透氣，需緩慢晾乾。

四、有用的白粉

Ans:

1. $MgCO_3 + 2HCl \rightarrow MgCl_2 + CO_2 + H_2O$。

2. (C) 只有碳酸鎂可作為瀉藥。(D) 等質量的碳酸鈣與碳酸鎂裏，鈣的含量為大於鎂的含量為。(E) 貝殼與蛋殼的主要成分都是碳酸鈣。

6. 薄荷腦 $C_{10}H_{20}O$　　　百里酚 $C_{10}H_{14}O$　　　　水楊酸 $C_6H_4(OH)(COOH)$

(B) 只有水楊酸可與碳酸氫鈉水溶液反應，產生二氧化碳氣體。

(D) 只有水楊酸可使潮濕的藍色石蕊試紙變紅色。

(E) 薄荷醇、百里酚、水楊酸皆含有分子間的氫鍵，只有水楊酸含有分子內的氫鍵。

7. 因為只有含酚的結構，在溶液中，才會與三氯化鐵形成錯合物，並呈現紫色；所以由結

構可辨識出 (B) 百里酚 (C) 水楊酸 (D) 水楊酸甲酯 ，

它們三個，遇氯化鐵會呈現紫色的錯合物。

8. 因為硼酸為單質子弱酸，所以 $1 \times 0.001 \times 25 = 1 \times C_{MA} \times 50$，$C_{MA} = 5.0 \times 10^{-4}(M)$。

10. 七種元素中硼、氧位於第二週期；鎂、矽、硫位於第三週期；而鈣、鋅則位於第四週期。

五、博帕爾市的毒氣災難

Ans:

1. 如圖所示 $H_3C-N=C=O$。

5. 同分異構物的分子式相同，皆是 CHON，因此分子含 C、H、O、N 比例都相同，全是折

線形分子,如圖所示:氰酸($\overset{\cdot\cdot}{\underset{H}{O}}-C\equiv N\overset{\cdot\cdot}{\cdot}$) 異氰酸($\overset{\cdot\cdot}{\underset{H}{N}}=C=\overset{\cdot\cdot}{O}\overset{\cdot\cdot}{\cdot}$) 和雷酸($\overset{\cdot\cdot}{\underset{H}{O}}=N=C\overset{\cdot\cdot}{\cdot}$),但化學性質並不相同。

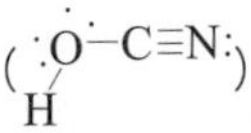

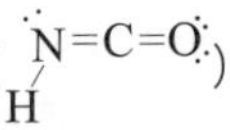

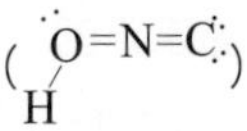

主題 22　未來的藥物

Ans:

4. (B) 碘 -127、碘 -131 都是第六週期,第 17 族的元素。(C) 碘 -127 與碘 -131 的原子序都是 53。(D) 碘 -127 與碘 -131 的電子數是都 53。(E) 碘 -131 若放出 α 射線後,會衰變成銻 -127。

7. (D) 它不是一種芳香烴分子,因為芳香烴是含苯環的 C、H 化合物。

9. (D) 分子只含 1 個羥基。

10.(D) 分子間無法形成氫鍵。

國家圖書館出版品預行編目資料

高中化學應考新視野／王瓊蘭著. －－初版.
－－臺北市：文字復興，2013.02
　面；　公分. --（升大學；11）
　ISBN 978-957-11-6970-5（平裝）

1.化學　2.中等教育

524.36　　　　　　　　　101027637

WB05

高中化學應考新視野

作　　者－ 王瓊蘭

發 行 人－ 楊榮川

總 編 輯－ 王翠華

主　　編－ 王正華

責任編輯－ 楊景涵

封面設計－ 郭佳慈

出 版 者－ 五南圖書出版股份有限公司

地　　址：106台北市大安區和平東路二段339號4樓

電　　話：(02)2705-5066　　傳　　真：(02)2706-6100

網　　址：http://www.wunan.com.tw

電子郵件：wunan@wunan.com.tw

劃撥帳號：01068953

戶　　名：五南圖書出版股份有限公司

台中市駐區辦公室/台中市中區中山路6號

電　　話：(04)2223-0891　　傳　　真：(04)2223-3549

高雄市駐區辦公室/高雄市新興區中山一路290號

電　　話：(07)2358-702　　傳　　真：(07)2350-236

法律顧問　元貞聯合法律事務所　張澤平律師

出版日期　2013年2月初版一刷

定　　價　新臺幣280元